GWLEDD

Gwledd

LOWRI HAF COOKE

CYNGOR LLYFRAU CYMRU

ISBN: 978 1 80099 500 0
Argraffiad cyntaf: 2023

Mae'r prosiect Stori Sydyn/Quick Reads yng Nghymru
yn cael ei gydlynu gan Gyngor Llyfrau Cymru
a'i gefnogi gan Lywodraeth Cymru.

Argaffwyd a chyhoeddwyd gan
Y Lolfa, Talybont, Ceredigion SY24 5HE
gwefan www.ylolfa.com
e-bost ylolfa@ylolfa.com
ffôn 01970 832 304

CYNNWYS

CYFLWYNIAD

CROESO! DEWCH I MEWN! Plis, eisteddwch. Peidiwch â bod yn swil – mae 'na ddigon o le i bawb. Gwnewch eich hun yn gyffyrddus, a pharatowch am wledd. Hoffech chi baned, neu beth am rywbeth bach cryfach? Mae'r sioe ar fin dechrau. Byddwch yn barod i gael eich ysbrydoli. Beth yn union sydd dan sylw? O, dwi'n casáu sbwylwyr. Ond yn dawel fach, rhyngddoch chi a fi, beth am damaid i aros pryd?

O'n blaenau mae deg stori antur gyfoes, gyffrous a Chymreig. A'r tro anhygoel yn y gynffon yw fod yr hanesion hyn yn hollol wir! Straeon llawn angerdd, heb sôn am ddewrder a dyfalbarhad. Dychmygwch ddeg TED Talk gan siaradwyr o fri! A pheidiwch â phoeni os nad y'ch chi'n *foodie*, mae yma lwyth o gynghorion bywyd gwych! Fel beth? Bobol bach, amynedd, wir! Gewch chi weld cyn bo hir...

O'r gorau... tra'n bod ni'n aros; hunanhyder, hunan-barch a dilyn eich greddf, i enwi dim ond tri o gynhwysion y wledd. Craffu, cymharu, a gwerthfawrogi beth sy'n bwysig.

A pharatowch am ddosbarth meistr mewn 'meddylfryd twf'. Be chi'n feddwl, beth yw ystyr hynny? Chi'n gwbod; newid eich ffordd o feddwl, newid y ffordd ry'ch chi'n gweld y byd. Gweld cyfleoedd, nid rhwystrau; mentro nid mwydro, ymestyn gorwelion – a pheidio â bod ofn gwneud camgymeriadau.

Na, na, na, nid *selébs* fel Richard Branson ac Alan Sugar sydd dan sylw. Mae'r bobol 'ma fel chi a fi, dim ond i'r arwyr bwyd a diod hyn fynd ati i wireddu eu breuddwydion, ar ôl penderfynu, 'amdani!' Ac wrth gwrs, ry'n ni'n sôn am enillwyr gwobrau di-ri. Gyda llaw, oes hances boced gyda chi? Nid dim ond ar gyfer y bwyd a diod; mae ambell stori wir yn eich cyffwrdd. Mae 'na enillion, ac mae 'na golledion hefyd. Y dagrau a'r digrifwch. Mae dylanwad y gorffennol ar y dyfodol yn glir yn achos rhai. A rôl traddodiad, y teulu, a'r tirlun o'u cwmpas wrth i eraill ddilyn eu cwys eu hun. Be chi'n feddwl, "Ddes i yma i lenwi 'mol?!" Wel, beth am lenwi'ch calon a'ch enaid hefyd, a bwydo'r ymennydd?! Pwy a ŵyr, falle cewch chi eich sbarduno i fynd amdani eich hun!

A da chi, byddwch yn barod i ganu 'Hen

Wlad Fy Nhadau' – mae'r arwyr yma'n genhadon gwych dros Gymru! Ac nid Cymru'n unig, ond eu hardaloedd arbennig, heb sôn am yr iaith Gymraeg. Ry'ch chi'n siwr o 'glywed' acenion di-ri. A dyw'r stori ddim ar ben ar ddiwedd y gyfrol hon. Cewch chi ymweld â nifer o'r cwmnïau yn eu cynefin – neu ymweld â chanolfannau bwyd a diod lleol, i'w gosod nhw yn eu cyd-destun. Jiw, mae'r awdures yn un dda. Wir i chi, mae hi wedi llunio rhestr o atyniadau bwyd a diod gerllaw ar ein cyfer ni i gyd! Felly os bydd chwant arnoch chi ymweld â becws, gwinllan neu ddistyllfa, a ffansi mwy na gwibdaith, gewch chi wneud penwythnos ohoni mewn gwahanol ranbarthau o Gymru. Sy'n fy atgoffa i... mae gen i fwlch yn y dyddiadur ymhen y mis. I ble af i gynta, tybed? Reit te, isht nawr, co' ni off – maen nhw ar fin adrodd y gras o flaen bwyd.

Mae wedi bod yn lyfli cael sgwrs â chi. Iechyd da i chi hefyd, ac ie, amdani, wir!

JIN JIN!

Jin Talog

<small>CWRDD MEWN TAFARN YN</small> Waterloo, Llundain, wnaeth David ac Anthony o gwmni Jin Talog.

"Roedd 'na sbarc rhyngddon ni o'r dechrau," meddai David wrth gofio'u dêt cyntaf. "Doedd 'na ddim teimlad o ddiflastod, a buon ni'n siarad a siarad. Fi'n credu mai *fizzy pop* lager oedd fy niod i!"

Roedd 'na lawer yn gyffredin rhwng y ddau Gymro yn Llundain, ond roedd un gwahaniaeth mawr hefyd.

"Pa mor aml wyt ti'n mynd adre?" holodd David yn llawn chwilfrydedd.

"Byth!" atebodd Anthony, yn bendant. Cafodd ei fagu ar fferm laeth Cilsaig yn Dafen, Llanelli, ond dinas Llundain oedd ei gartref.

"Beth amdanat ti?" gofynnodd Anthony.

"Dwi'n mynd 'nôl i Gaerdydd drwy'r amser," atebodd David, o Riwbeina, Caerdydd, â gwen lydan. Yn Gymro balch yn Llundain, roedd e'n darllen papur newydd y *Western Mail* yn gyson, a'i fwriad ers symud i'r ddinas fawr oedd dychwelyd adre i Gymru.

Naw mlynedd yn ddiweddarach, enillon nhw dair seren yng ngwobrau Great Taste am eu 'diod anhygoel', Jin Talog, a gynhyrchwyd ar eu fferm yn Sir Gaerfyrddin. Mae'n werth nodi taw dyma'r unig jin o Gymru i hawlio'r fath wobr. Tybed sut oedd y fath gamp yn bosib?

Gweithio yn y Ddinas yn Llundain oedd y ddau, gydag Anthony yn ymgynghorydd yn y byd ariannol. Gwaith David, ar y llaw arall, oedd datblygu busnes y diwydiant diodydd, yn ymweld â ffatrïoedd a gwinllannoedd ledled y byd. Un brand a greodd argraff arbennig oedd y cwmni Ffrengig, Krug, sy'n cynhyrchu siampên o'r safon uchaf.

"Mae'n siampên drud, ond maen nhw'n gwneud popeth o safon. Maen nhw'n parchu'r grawnwin gorau, y dulliau cynhyrchu traddodiadol, y gofal am y tir, a'r amser i aeddfedu yn y selar. Mae'n frand sy'n bendant y tu hwnt i'r arferol, ac ry'n ni wedi ceisio efelychu hyn gyda Jin Talog."

Wrth ddychwelyd i Lundain o wyliau yn Solfach, profodd y ddau 'dro ar fyd' ar bont Pensarn, Caerfyrddin.

"Holodd Anthony os o'n isie teithio yn syth 'nôl i Lundain, neu alw mewn siop hen greiriau yng Nglan-y-fferi."

A thra oedden nhw yno, gwirionodd y ddau ar fwthyn ar lan y môr, a'i brynu yn 2011. Bu'r ddau yn cymudo bob penwythnos o Lan-y-fferi, ond dechreuon nhw deimlo'n drist bob nos Sul ar y daith yn ôl i Lundain. Doedd dim amdani, felly, ond symud i fyw i Lan-y-fferi yn llawn-amser.

Daeth tro ar fyd arall ymhen pum mlynedd ar ôl symud i ffermdy Rhyd y Garreg Ddu, ym mhentre Talog, yng ngogledd-orllewin Sir Gaerfyrddin.

"Roedd 'na deimlad arbennig yno," meddai Anthony, a hen adeiladau amaethyddol y teimlai – fel mab fferm – y dylai gael eu defnyddio. "Ro'n i isie cynhyrchu rhywbeth o sylwedd. Mwy na dogfennau Excel, ebyst gwaith a chyflwyniadau Powerpoint! Ond o'n i'n ffaelu peintio, neud potiau na cherflunio..."

"Diolch byth!" meddai David.

Roedd jin wedi ffrwydro mewn poblogrwydd yn Llundain, ers i'r gyfraith newid yn 2008 i ganiatáu i ddistylltai crefft gynhyrchu jin mewn meintiau bach. Roedd y ddau yn mwynhau yfed jin a thonic. Roedd David yn hoff o flas Tanqueray ar ei ben ei hun, tra oedd Anthony yn hoff o'r clasur cyfarwydd, jin Gordon's gyda thonic Schweppes. Ac ar ymweliad â distyllfa Sipsmith yn eu garej yn Llundain, dywedodd Anthony, "Gallen ni neud hyn – a gallen ni'i neud e'n well!"

Felly ym Mehefin 2018, dechreuon nhw gynhyrchu jin, mewn hen faenor wrth ymyl y ffermdy, sy'n dyddio o'r 1850au. Yno mae dau lestr distyllu (*stills*) – Megan a Morwenna – ac Anthony yw'r prif ddistyllwr, fel arfer.

Mae tri phrif gynhwysyn, sef y gwirod organig, dŵr pur o'r ffynnon, ac aeron meryw (*juniper*) o ganolbarth Asia. Cyn distyllu, mae'r aeron yn cael eu cynhesu yn yr alcohol a'u gadael i drwytho dros nos i ryddhau'r olew meryw. Y diwrnod wedyn, mae'n amser distyllu, cyn gadael i'r cyfan orffwys am ychydig ddyddiau, yna arllwys yr hylif i'r poteli. Mae'n dipyn cyflymach na chreu wisgi, sy'n cymryd blynyddoedd, ond mae pob rhan o'r broses yn bersonol – gan gynnwys llofnod ar bob botel gan y distyllwr.

Dechreuodd y ddau rannu'r jin â theulu a ffrindiau, cyn denu diddordeb y farchnad ehangach. A gyda'r ddau yn newydd-ddyfodiaid i ardal Gymraeg yn Sir Gâr, roedden nhw'n benderfynol o greu brand cyfoes Cymreig a fyddai'n dathlu'r filltir sgwâr. Dyma felly ddewis enw a fyddai'n adlewyrchu nodweddion 'syml, onest a chlir' eu cynnyrch safonol. Mae'n helpu hefyd fod y teitl yn ffonetig, gan olygu y gall pobol ddi-Gymraeg ddeall yn union beth yw 'Jin Talog'.

Fel yn achos cwmni Krug, buddsoddwyd

mewn potel syml a thrawiadol, ac fel yn achos popeth am fusnes Jin Talog, mae'r geiriau ar y label yn ddwyieithog. Yn wir, i'r yfwyr mwyaf sylwgar, mae pennill gan Tudur Dylan ar y label, yn datgan yn glir beth yw neges y busnes:

'... dim telynau, dim cennin, dim dreigiau prin, dim ond diod anhygoel o'r enw jin.'

Yn ôl David, mae'r Gymraeg wedi bod yn allweddol i lwyddiant Jin Talog – a'r busnes o gymorth anferth iddo yn bersonol wrth fynd ati i ddysgu Cymraeg. Yn wir, ar ôl ceisio ar y gystadleuaeth yn 2018, fe enillodd wobr 'Dysgwr y Flwyddyn' yn 2021. Cafodd ei urddo yn aelod o Orsedd y Beirdd yn ei wisg wen ar faes Eisteddfod Genedlaethol Tregaron 2022, er balchder mawr i Anthony y gŵr, a'r teulu cyfan.

"Mae'r Gymraeg yn perthyn i bawb," meddai David, a bydd yn aml yn ateb cwestiynau gan ymwelwyr i'r ddistyllfa, sy'n rhyfeddu nad gimic yn unig yw'r Gymraeg ond iaith sy'n fyw ac yn iach. Yn wir, caiff pob cwsmer sy'n archebu potel jin ar-lein gerdyn a neges o ddiolch yn y Gymraeg. Nid peth bach yw hynny, o ystyried fod eu marchnad fwyaf dros y ffin. Ar ben hynny, caiff pob potel ei lapio mewn gwlân eu praidd o ddefaid Balwen – cyffyrddiad arall personol, a chynaladwy.

Gwaetha'r modd, amharodd Brexit ar botensial y busnes ar y cyfandir, gan olygu mai ym Mhrydain yn bennaf mae eu prif gwsmeriaid. Ond fel cwmni jin crefft, sydd ddim ond yn cynhyrchu 3000 potel y flwyddyn, mae hynny'n gwneud synnwyr i'w busnes. Yn wir, does ganddyn nhw ddim uchelgais i ddatblygu'n fusnes anferthol. Meddai Anthony,

"Roedden ni'n arfer ymddiheuro am ba mor fach oedden ni fel busnes ond dwi'n credu'n gryf yn y neges, 'Do one thing well'."

Yn wir, mae poster cwmni denim Hiut o Aberteifi, gyda'r union eiriau hynny i'w weld yn glir, ac yn eu hysbrydoli, ar wal yr hen faenor.

"Smo ni moyn tyfu'n fawr," meddai Anthony. "Ma'r ffaith bo' ni mor fach gymaint yn rhan o'n hunaniaeth. Ry'n ni wedi darganfod fformiwla berffaith; gwneud popeth mewn sypiau bychain."

Wedi dweud hynny, mae'r ddau wedi mentro ac arbrofi â blasau gwahanol. Ystyr Jin Sych Llundain – eu cynnyrch gwreiddiol, gwobrwyol – yw jin sy'n cynnwys elfennau botanegol fel rhan naturiol o'r broses ddistyllu, ac nid blas wedi'i ychwanegu tua'r diwedd, "fel sgwash oren mewn dŵr," eglurodd Anthony. Mae rhai cynhwysion yn gweithio'n well na'i gilydd.

"Mae blodau'r ysgaw yn llawer rhy fregus yn anffodus," meddai David. O gofio'u huchelgais i gynhyrchu'r jin gorau fyddai wrth fodd gwir werthfawrogwyr, maen nhw'n eithriadol o falch o'u tri jin ychwanegol, sy'n cynnwys dwy elfen fotanegol, nid un.

Mae'r jin ferfain lemonaidd (*lemon verbena*) yn atgoffa David o dymor yr haf; a'r blas sitrws ysgafn yn gweddu'n braf â phrynhawn yn yr ardd. Mewn cymhariaeth, mae blas deilen llawryf (*bay leaf*) yn berffaith ar gyfer y gaeaf – yn sbeislyd, cynnes a chymhleth – a byddai'n gwneud anrheg Nadolig addas. Yna, blas mwy egsotig sydd i'r jin pupur pinc, gyda'i nodau ysgafn o sinamwn a fanila. Y ffordd orau o sawru'r pedwar jin, meddai'r ddau, yw ychwanegu tonig ysgafn. Fel y dyfarnodd un o feirniaid Great Taste, mae Jin Talog yn 'pretty perfect'. Beth felly fyddai'r pwynt boddi neu guddio'r fath burdeb?

Wrth adlewyrchu ar lwyddiant y busnes, sydd wedi ei lansio ers pum mlynedd yn unig, mae'n werth ystyried sut i Jin Talog dyfu mewn pandemig.

"Gallai Covid fod wedi ein trechu," meddai David yn sobor.

Ond gyda phawb adre yn eu cartrefi, cynyddu wnaeth nifer yr archebion, diolch i'r galw anferthol am jin o safon. Fe fu'r ddau wrthi ar Instagram yn rhannu ryseitiau coctels, gan gadw swyddfa post Cynwyl Elfed yn hynod o brysur.

Fyddai dim o hyn yn bosib heb gefnogaeth y gymuned. Yn wir mae'r busnes yn falch o gefnogi nifer o gymdeithasau lleol, gan gynnal nosweithiau Merched y Wawr, Clybiau Cinio a Ffermwyr Ifanc yn yr hen faenor.

Yr hyn mae Anthony yn fwyaf balch ohono yw cipio'r tair seren Great Taste, "a hynny ar ein ymgais gyntaf!" Dyfarnwyd y wobr yng ngwesty'r Intercontinental ar Park Lane yn Llundain, dinas a fu'n gartref iddo am dri deg mlynedd. Mae'n fyd gwahanol iawn i'w waith distyllu jin a brwsio gwlân defaid Balwen! I David, fodd bynnag, mae'n falch iawn o'r teimlad o berthyn i gymuned, a rhwydwaith cynhyrchwyr Cymru; "Mae'r gwaith yn aml yn cael ei guddio yng nghefn gwlad. Mae'r Cymry yn rhy ddiymhongar o lawer. Dylen ni frolio ein llwyddiant llawer iawn mwy yng Nghymru."

Jin Talog, Rhyd y Garreg Ddu, Talog
SA33 6NN
www.jintalog.wales

WRTH YMWELD Â'R ARDAL, EWCH I...

The Warren, Caerfyrddin
www.warrenmanselst.co.uk

Y Sied Goffi, Caerfyrddin
www.ysied.co.uk

Cwrw, Caerfyrddin
www.cwrw.co.uk

Ultracomida, Arberth
www.ultracomida.co.uk

Gwinllan Hebron
www.hebronvineyard.com

Halen Môn

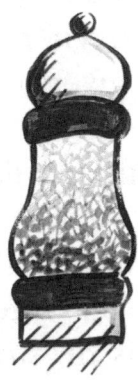

MAE 'NA BOBOL SY'N hoffi coginio, ac mae 'na bobol sy'n casáu coginio. Ac mae 'na bobol sy'n caru coginio yn fwy na dim. Mae'n hawdd iawn adnabod y bobol angerddol hyn; ewch i'w cegin, ac fe welwch chi flwch Halen Môn glas a gwyn. Os chwiliwch chi'n fanylach, fe ffeindiwch chi lu o drysorau pellach. Jar hanner llawn o saws caramel hallt, ag olion bysedd yn y gymysgedd. Nesaf, jar 'Popeth'. Bydd greddf yn siŵr o'ch arwain i ysgwyd y gwydr llawn halen, llysiau, sbeisys a a hadau, i greu sŵn digon tebyg i maraca. Ar silff fwy smart bydd llyfr ryseitiau *Sea Salt* yn tasgu o syniadau, ac am reswm arbennig i godi llwnc destun, bydd potel chwaethus o Jin Môr – pob un yn dyst o fod wedi ymweld â siop Halen Môn. Mae taith i Frynsiencyn yn ne Sir Fôn ar restr fwced pob cogydd gwerth ei halen.

Yn wir, os safwch chi ger y fynedfa yn wynebu Eryri ar lannau'r Fenai, byddwch yn siŵr o arogli halen y môr. Dyna, yn syml, yw cyfrinach y cwmni sy'n llysgennad gwych dros Gymru. Ac fel nifer o'n chwedlau mwyaf adnabyddus ni, stori garu yw hanes Halen Môn.

Daeth Alison a David Lea-Wilson i Gymru fel myfyrwyr i Brifysgol Cymru, Bangor yn 1973. Saesneg a Busnes oedd meysydd eu diddordeb ar y pryd, ond ar ôl syrthio mewn cariad â'i gilydd, ac â Sir Fôn, profodd y pâr dro ar fyd. Fe ddechreuon nhw ffermio wystrys a ddatblygodd yn fusnes Menai Seafoods Ltd, gan werthu pysgod a bwyd môr yn lleol.

Yn 1982, dyma nhw'n sefydlu busnes arall, atyniad twristaidd poblogaidd Sŵ Môr

Môn. Un rheswm am lwyddiant y fenter hon oedd fod y môr o amgylch yr ynys yn eithriadol o lân. Daeth cadarnhad o hynny gyda'u llwyddiant yn bridio ceffylau dŵr, sy'n greaduriaid bregus a ffyslyd iawn. Mae'n ddwr môr pur sydd wedi'i hidlo'n hollol naturiol drwy lan dywod a chregyn gleision afon Menai.

Dros y blynyddoedd, fodd bynnag, datblygodd natur dymhorol y busnes yn broblem, a bu'n rhaid meddwl am syniad mwy cadarn i'w cadw i fynd drwy'r flwyddyn. O wybod am burdeb y dyfroedd o'u cwmpas, aethon nhw ati i greu arbrawf yn y gegin; dyma ferwi llond sosban o'r dwr môr ar y popty Aga, a ffurfiwyd crisialau – a'u dyfodol disglair – o'u blaenau. Er ei fod yn bell o fod yn berffaith, ysgogodd yr alcemi yma ar flynyddoedd maith o lafur cariad; o fynychu darlithoedd Cemeg yn y coleg ym Mangor, i deithio'r byd i ddysgu'r grefft o greu halen môr o safon. Yn wir, darganfyddodd y ddau fod 'na hanes o greu halen ar yr ynys hyd at 1775. Bu halen am genedlaethau yn adnodd hynod o werthfawr, a hyd heddiw, mae'n rhaid talu am drwydded i'r Goron i dynnu'r dŵr o'r môr. Ond roedd y cyfle i greu dyfodol o'r fath gyfoeth naturiol yn rhy dda i'w golli, a chofrestrwyd yr enw Halen Môn yn 1997.

Dros chwarter canrif yn ddiweddarach cafodd Alison Lea-Wilson MBE ei hanrhydeddu gan wobr Cyfraniad Arbennig yn seremoni wobrwyo Bwyd a Diod Cymru 2023 yn Venue Cymru Llandudno. Saethodd aelodau'r dorf i'w traed i'w chyfarch, am arwain y ffordd i gymaint o gwmnïau eraill o Gymru. Yn dilyn salwch dros y blynyddoedd diweddar, camodd David yn ôl o'r busnes llawn-amser, ond fe oedd y cyntaf i longyfarch ei wraig. Ei hymateb didwyll hi i eiriau ei gŵr?

"Allen i ddim fod wedi gwneud unrhyw beth hebddot ti."

Mae hynny'n nodweddiadol o'u partneriaeth. Meddai Jess, eu merch:

"Mae'r ddau wedi cerdded pob cam o'r siwrne efo'i gilydd." Roedd y wobr, fodd bynnag, meddai, yn cydnabod cyfraniad ei mam i'r diwydiant bwyd a diod. "Mae hi'n gweithio'n ddiflino, ac mae hi mor hael a chefnogol wrth gynghori brandiau eraill o Gymru."

Yn wir, wedi'i magu yn Nwyran, Sir Fôn, dilynodd Jess ei llwybr ei hun am gyfnod, gan symud i fyw a gweithio yn Llundain ac Efrog Newydd, fel steilydd, dylunydd a golygydd bwyd i nifer o enwau mawr y diwydiant. Ond cyn y pandemig, dychwelodd Jess i dderbyn her newydd, sef cyfarwyddwr brand Halen Môn. Fel dylunydd, mae hi wedi cynllunio nifer o ddelweddau cyfoes y cwmni, a chydweithio ar brosiectau hysbysebu. Dros gyfnod Covid, fe weithiodd ar ddatblygu caffi Llanw/Tide ar y cyd â'r cogydd Sam Lomas, ac yn fwy diweddar ar brofiad ymdrochi awyr agored mewn casgenni llawn gwymon o'r Fenai. Mae hi hefyd wedi cyfrannu i nifer o brosiectau, fel y llyfrau ryseitiau *Sea Salt* a *Do / Sea Salt / The Magic of Seasoning*. Fel ei rhieni, mae hi'n angerddol dros ddatblygu cynnyrch newydd y cwmni, a defnyddio Halen Môn wrth goginio.

Yn wir, datblygodd nifer o syniadau mwyaf llwyddiannus y cwmni yn dilyn teithiau rhyngwladol y teulu, cyn dod â nhw adre i Gymru. Ugain mlynedd yn ôl, ar wyliau i ynysoedd Polynesia Ffrengig, fe'u cyflwynwyd i'r traddodiad lleol o goginio pysgod gyda halen a fanila – gan arwain at ddatblgu Halen Môn blas fanila. Ac ar ôl cwrdd â chogyddion a chwsmeriaid yn Efrog Newydd, fe'u hysbrydolwyd gan ddiwylliant *bagels* y ddinas. Arweiniodd hynny at greu cymysgedd hadau sbeisys a llysiau 'Popeth', sy'n hyfryd ar fara wedi'i dostio gydag wyau ac afocado. A chogydd arall, oedd yn taenu popcorn gyda burum a halen, wnaeth ysbrydoli Powdwr Umami rhif 2, sy'n ffefryn gan Jess.

Gwthiwyd y cwmni yn ei flaen yn 2017, yn greadigol ac yn gynaliadwy, yn dilyn ymholiad gan y cogydd arbrofol Heston Blumenthal. Roedd e'n awyddus i ddarganfod ffordd hawdd o greu *risotto* blas myglyd yn ei fwyty enwog The Fat Duck. Mewn ymateb i'r her, aethpwyd ati i fygu dŵr wedi'i hidlo am ddeg diwrnod mewn casgenni yn cynnwys coed derw. Mae'n gynhwysyn rhyfeddol – a dim ond dropyn neu ddau o'r blas sydd ei angen wrth goginio. Mae'n un o werthwyr gorau'r cwmni, ac mae'n llwyddo i gyfoethogi nifer o seigiau syml fel cawl, *risotto* a thatws stwnsh – neu hyd yn oed diferyn myglyd mewn ciwb rhew gyda choctel. A sôn am y ddiod gadarn, caiff Jin Môr ei awgrymu fel diod i'w flasu gyda thonic Môr y Canoldir, digon o rew a 'sbrigyn o rosmari'. Swnio fel pennill o gân werin gariadus!

Yn bendant, bu datblygu perthynas glòs â brandiau eraill yn brofiad diddorol; yn eu plith mae creision Pipers o Swydd Lincoln a chwmni lleol Jones o Gymru, a chwmnïau siocled fel Green & Blacks a Pump Street Chocolate, Caerfaddon. Yr hyn sy'n denu'r cwmnïau mawrion at Halen Môn yw'r ffaith fod yr halen yn rhydd o ychwanegion, ac yn cynnwys dros 30 o elfennau a mwynau naturiol. Ond roedd ymateb i anghenion y cwmnïau hyn yn brofiad addysgiadol, gan mai'r hyn sy'n nodweddiadol am Halen Môn yw'r crisialau mawr, fel 'deiamwntau'r môr'. Malwyd yr halen yn fwy mân ar gyfer y siocled hallt, ac yn fwy mân fyth ar gyfer y creision. Mae'r cwmni bellach yn gwerthu pecynnau o'r crisialau 'Finer Flake' hyn, ar gyfer piclo, neu eu hychwanegu at ddŵr pasta.

Ond yr halen môr gwreiddiol yn ei diwb syml, trawiadol, sydd yn greiddiol i lwyddiant y cwmni. Caiff ei ddefnyddio gan bawb – o gogyddion cartref i sêr mawr bwytai enwocaf y byd; yn wir, dywedir mai'r gwahaniaeth rhwng cogyddion canol-y-ffordd ac artistiaid yn y gegin yw'r gallu i halltu'n gywir. Yn y llyfr *Do / Sea Salt / The Magic of Seasoning*, mae'r sêr bwyd Samin Nosrat, Anna Jones a Yotam Ottolenghi yn cael eu dyfynnu, yn llawn canmoliaeth i 'ddisgleirdeb' halen, ac yn nodi ei fod yn gynhwysyn 'angenrheidiol' a 'sylfaenol'.

Ond y teulu Lea-Wilson sy'n llwyddo i grisialu'u cariad at halen gyda chwestiwn dadlennol: "Pa gynhwysyn arall sy'n llwyddo i ddwysáu pob blas unigol, ond sydd hefyd â'r gallu i gyfuno'r holl flasau hynny i ganu mor hyfryd â'i gilydd?" Ystyriwch salad tomato syml gyda sbrinclad o grisialau halen, neu'r arfer o halltu wylys (*aubergines*) cyn eu coginio; gwneir hynny wrth baratoi er mwyn denu'r dŵr ohonynt, cyn denu dŵr i'r dannedd wrth fwyta. Mae'n gynhwysyn hudolus; wrth ei ffrio ar dymheredd isel, gall halen droi chwerwder nionyn yn felys. A beth, tybed, sydd i'w gyfri am boblogrwydd caramel hallt? Yn syml, mae halen yn cynnig cydbwysedd.

Yn sicr, mae ymweld â'r ganolfan ym Mrynsiencyn yn brofiad angenrheidiol, a mynnwch le ar un o'r teithiau tywys, yng nghwmni arweinydd gwybodus. Cewch gyfle i weld y pwmpio, y ffiltro, y berwi, y crisialu a'r cynaeafu. Ond efallai'r profiad gorau yw'r prawf blasu ar y diwedd, wrth gymharu crisialau Halen Môn gyda mathau eraill o halen ar draws y byd. Ceir hefyd gyfle i danio'r chwilfrydedd ymhellach wrth flasu ac arogli rhai o gynnyrch y cwmni. Mae'n brofiad i herio'ch rhagfarnau eich hun am halen, ac i agor y meddwl ar ffyrdd newydd o goginio. Yn olaf, byddwch yn barod i wario yn y siop, cyn mynd ati eich hun i arbrofi!

Halen Môn, Tŷ Halen, Brynsiencyn
LL61 6TQ
www.halenmon.com

WRTH YMWELD Â'R ARDAL, EWCH I...

Siop Fferm Hooton's,
Brynsiencyn a Llanfairpwll
www.hootonshomegrown.co.uk

Dylan's, Porthaethwy
www.dylansrestaurant.co.uk

Sosban a'r Hen Gigydd, Porthaethwy
www.sosbanandtheoldbutchers.com

& Caws, Porthaethwy
www.andcaws.co.uk

Hufen Iâ Red Boat, Biwmares
www.redboatgelato.co.uk

Crwst

MAE 'NA SAWL TREF yng Nghymru sy'n gyrchfan fwyd o fri, ond does unlle mor cŵl ag Aberteifi ar hyn o bryd. Ar lannau afon Teifi, mae teuluoedd yn dotio at Pizzatipi, ac ymwelwyr yn heidio i westy'r Albion a'i fwyty hynod chwaethus Yr Odyn. Byrgers a gwin naturiol sy'n plesio cwsmeriaid Boys and Girls, ac yn gynharach eleni enillodd fwyty 'platiau bychain' Yr Hen Printworks wobr Bib Gourmand yng nghanllaw Michelin. Ond mae un man canolog sydd wedi hawlio calon y dref ers iddo agor yn 2018. Yn wir, mae'n plesio pobol leol cymaint â'r ymwelwyr sy'n heidio yno – cymaint, yn wir, nes bod rhai'n mynd yno bob dydd.

Pa ryfedd i Crwst brofi llwyddiant aruthrol? Yn sylfaenol i'r busnes mae'r 'bara beunyddiol'. Ond wrth wraidd y weledigaeth mae'r ysfa i godi safon, a chodi calon, gan ddau sy'n dod yn wreiddiol o'r dre.

Dysgodd Osian Jones i goginio dan adain ei fam-gu, yng nghegin ei chartre, Fron, yn Aberteifi.

"O'n i'n joio cwcan, neud swper, ac arbrofi. O'dd Mam-gu yn grêt am neud Welsh Cakes, pancos a menyn, a pei lemwn *meringue*. O'n i wastad yn joio yn ei chwmni – a dwi'n cofio joio'i brechdanau *lemon curd* hi!"

Ac yntau'n dal yn yr ysgol, cafodd Osian waith ar gownter siop a becws JK Lewis, gan fwynhau'r elfen gymdeithasol o fod wrth y til yn fawr. Ond roedd hefyd wrth ei fodd yn chwarae drymiau gyda band ei dad, Richard, a'i ewyrth Wyn, Ail Symudiad, a bu'n gweithio i'w cwmni recordiau, Fflach. Dilynodd radd mewn Busnes ym Mhrifysgol

Abertawe, cyn newid ei feddwl a rhoi ei fryd ar fynd yn gogydd. Aeth i Goleg Sir Benfro, Hwlffordd, cyn bwrw'i brentisiaeth ym mwyty Hammet House (Castell Malgwyn gynt) yn Llechryd.

Daeth tro ar fyd pan oedd Osian yn 26 oed, pan gerddodd i mewn i westy'r Angel, Aberteifi. Yno, yng nghlwb nos Gabs roedd Catrin, oedd yn 24 ar y pryd, a bu bywyd byth yr un peth i'r ddau! Yn ferch o'r dre, bu'n gweithio yng Nghanolfan Tresaith, yn gweini coffi lleol Bay Coffee Roasters, "yn breuddwydio am agor caffi fy hun rhyw ddydd!" Ond i Brifysgol Caerdydd aeth hi, i ddilyn gradd yn y Gymraeg, cyn ffeindio gwaith yn y brifddinas gyda'r elusen digartref Llamau. Ymunodd Osian â hi, gan ddechrau gweithio gyda chwmni arlwyo i'r diwydiant ffilm a theledu, Scene Cuisine, cyn mynd am swydd *chef pâtissier* yn Cathedral 73, a chanfod y byddai'n rhedeg y gegin ar ei liwt ei hun.

Roedd yr wyth mis hynny'n ysgol brofiad go iawn ac enillodd Osian wobrau am ei de prynhawn.

"Bydden i'n aml yn gweini te i 120 o

bobol ar bnawn Sul. O'dd fy nghacen iogwrt llus i'n boblogaidd, a dyna ble wnes i berffeithio'r caramel hallt. Ond ro'dd yr oriau yn wallgo – dwi'n cofio gweithio 56 diwrnod yn olynol. Bron i fi gael *burnout* llwyr."

Yn wir, cymaint oedd y pwysau arno, daeth Catrin i gynorthwyo yn y gegin, a dyna lle y darganfyddon nhw eu bod nhw'n cydweithio'n dda.

"O'dd Catrin yn graig. Un o'r gwersi mwya ddysgais i bryd hynny oedd bod wir angen trin eich staff gyda pharch."

Gadawodd Osian y swydd honno i fynd yn gogydd yng nghaffi The Orchard yn Radyr, lle cafodd ryddid i arbrofi, mireinio ei sgiliau pobi, a pherffeithio'r grefft o drin surdoes (*sourdough*).

Ond er cymaint i'r ddau fwynhau eu cyfnod yn y brifddinas, roedd hiraeth mawr am adre. Yn fwy na hynny, roedd y ddau yn awyddus i sefydlu busnes a fyddai'n dod â llewyrch i Aberteifi.

"Ro'n ni moyn cyflwyno rhywbeth gwahanol i'r dre, trin gweithwyr yn dda, a gwneud popeth o *scratch*, gyda chynhwysion lleol. Ro'n ni moyn agor rhywle lle roedd pobol leol yn gallu ymlacio gyda bwyd da, diodydd da ac awyrgylch dda."

Un man a greodd argraff arnyn nhw oedd Danteithion Wrights yn Llanarthne, Sir Gaerfyrddin.

"O'dd Wrights yn ysbrydoliaeth – lle da, bwyd da a phobol hapus," meddai Osian. "Doedd dim ots gyda ni dalu bach mwy am fwyd da a chynnyrch lleol mewn lleoliad mor ddymunol. Roedd wir angen rhywle o'r fath yn Aberteifi. Becws da, gyda'i hunaniaeth ei hunan. Rhywle gyda stamp Aberteifi, a'n stamp ni hefyd, ac o'dd *hunch* gyda fi a Catrin bod gyda ni'r *edge*. Ro'n ni'n nabod y bobol, a nabod y dre, ac yn bwysicach, yn angerddol am fwyd."

Symudodd y ddau i hen gartre mam-gu Osian, a dechrau pobi bara surdoes yno.

"Ar y dechre, doedd y bara ddim yn berffaith. Na'th e gymryd tipyn i fi ddod i ddeall a theimlo'n ffordd trwy'r toes, ond y cwbwl oedd ei angen oedd amser."

Cafwyd archebion yn gynnar, gan dair siop leol – Bwyd y Byd yng Nghrymych, Siop Blaenffos, a Siop y Pentre, Cilgerran. Maen nhw'n dal i werthu'r bara hyd heddiw, sy'n rhoi balchder mawr iddyn nhw.

Wyn, ewyrth Osian, wnaeth awgrymu y dylen nhw sefydlu stondin ym marchnad Aberteifi.

"Dwi'n cofio'r dwrnod cyntaf, ym mis Medi 2016. O'n ni wedi gwerthu mas erbyn deg y bore!"

Yn ogystal â'r bara, fe werthon nhw dartenni a phestris, myffins a chacennau cwpan. Ac ymhen amser, toesion (*donuts*) hynod boblogaidd y cwmni.

"O'dd Wyn wedi derbyn *deep fat fryer* yn anrheg gan ofalwraig Mam-gu, Julia, ac fe gynigiodd e'r ffrïwr 'ma i ni. Wnes i bach o arbrofi gyda'r toes myffins *brioche*, ac ma'r gweddill yn hanes!"

Yn wir, dyma rannu lun o'r *donuts* saws siocled ar Instagram, gan ddweud y bydden nhw ar werth yn y farchnad ar y dydd Sadwrn. Fel y dywed Osian, "A'th pobol yn wallgo. Fe werthon ni bedwar can *donut* mewn llai nag awr. Gallen ni fod wedi gwerthu dwy fil yn hawdd y bore hwnnw! Fe brynon ni ail ffrïwr, i wneud mwy o hynny mlaen."

Yn wir, mae 'na gymaint o resymau i

ddiolch i deuluoedd Catrin ac Osian am eu cefnogaeth ar ddechrau'r daith. Ac roedd cwmni recordiau'r teulu, Fflach, hefyd yn dipyn o ysbrydoliaeth, wrth ystyried yr enw perffaith.

"O'dd Fflach yn gwmni lleol adnabyddus, gydag enw syml, *punchy* a Chymraeg. Fe benderfynon ni ar 'Crwst' – gall unrhyw un ei ddweud e. Ac o'n i'n cofio hefyd cael fy siarsio yn blentyn, 'Byta dy grwsts di'!"

Ond pan gododd y cyfle i Osian a Catrin brynu hen safle Siop y Cardi yn 2017, roedd rhai pobol leol – a hyd yn oed ambell aelod o'r teulu – yn amheus o'r cynllun uchelgeisiol.

"Peidwch ei brynu, ma fe'n ormod o risg! Dyw e ddim yng nghanol y dre, dyw e ddim ar y ffordd fawr..." meddai Osian, gan gofio pryderon eraill ar y pryd. "Ond dwi'n cofio Dad yn dweud – cer amdani."

Daeth dau ddyn busnes lleol atyn nhw – Richard Jarman o Langoedmor a Pete Austin, yn wreiddiol o Lundain – â diddordeb mawr mewn cefnogi mentrau lleol. Y syniad yn syml oedd agor caffi gydol y dydd, gyda'r ffocws ar gynnyrch bara a brynsh. Aethpwyd ati i greu cynllun, a sicrhau nawdd o £250,000 gan Fanc Cymru, cyn mynd ati i adfer adeilad hanesyddol ar Stryd y Priordy. Prynwyd yr adeilad ym mis Tachwedd 2017, ac roedd y gwaith yn ddi-baid cyn agor Crwst dros wyliau'r Pasg yn 2018. Tra eu bod wrthi'n pobi ac yn cyflenwi siopau a'r stondin farchnad, aeth y ddau ar gyrsiau gyda Busnes Cymru ac Antur Teifi.

Ymlaen aeth y gwaith o addasu'r hen adeilad, a fu'n garej ar un adeg, a ffowndri cyn hynny. Datguddiwyd elfennau annisgwyl – trawstiau metal, trawiadol, yn y nenfwd, a pitiau petrol yn y llawr. Llwyddwyd i gadw'r ffenestri gwydr gwreiddiol Art Deco, ond cafodd y ddau bach o fraw wrth sefyll o'r diwedd yn y gofod anferthol. Doedd dim llawer o gyfle i gysgu chwaith, wrth i'r cloc larwm eu deffro'n gyson trwy'r nos i baratoi gwahanol fathau o does.

"O'dd y blinder ar adegau yn llethol. O'dd cael babi yn rhwyddach o lawer!" meddai Osian erbyn hyn. Ond gyda help aelodau'r tîm gwreiddiol, gan gynnwys Guto ar stondin y farchnad, a Hedydd o Hammet House, llwyddwyd i gyrraedd y pen. Mae'r ddau yn llawn canmoliaeth o aelodau'r tîm o'u cwmpas, ond yn fwy na dim, mae'r ddau yn cyfeirio at gryfderau ei gilydd; "Ni'n neud tîm da. A ma gyda ni ddywediad," meddai Osian, "The baker and the brain. Fi yw'r pobydd, a Catrin yw'r ymennydd busnes."

Mae ganddyn nhw hefyd bump o werthoedd craidd i'r busnes. Meddai Catrin: "Gwasanaeth Cwsmeriaid, Parch, Gwaith tîm, Safonau, a Dweud hi fel mae hi."

Maen nhw wrth eu boddau yn cefnogi cymaint o gynhyrchwyr o'r ardal ehangach, yn ogystal â chynnig 'hwb i'r dre'. Ymhlith y cynhwysion craidd mae cynnyrch llaeth o Hwlffordd, wyau Sir Benfro a Halen Dewi o Draeth Mawr ger Tyddewi. Mae ganddyn nhw hefyd berthynas ardderchog gyda chynhyrchwyr lleol, fel mêl Godfrey, yng nghanol y dre. Ar ben hynny, gweinir y coffi y bu Catrin yn driw iddo ers ei dyddiau yng Nghanolfan Tresaith; sef cwmni Bay Coffee Roasters o Danygroes, sy'n meddu ar dair seren a 'fforc aur' gwobrau Great Taste.

Mae'r profiad o gamu i Crwst yn gyffrous, rhwng y gegin agored lle mae Osian yn arwain y tîm yn ei ffedog, a'r sain clebran llawen o'r byrddau llawn pobol yn sglaffio popeth, o'r pancos i'r Brecwast Cymreig poblogaidd. Heb anghofio'r bar coffi bywiog o flaen ciw o gwsmeriaid – nifer ohonyn nhw'n ystyried yr amrywiaeth o gynnyrch bwyd a diod Cymreig y silffoedd yn y canol. Mae lle i enwau o bob cwr o Gymru, o jin Dà Mhìle o Ddyffryn Teifi, i sawsiau Dylan's o Borthaethwy.

Wrth nesáu at y bar, beth am fachu Torth y Wlad? Dyna un o bedair prif dorth a gynigir gan Crwst bob dydd, ynghyd ag ambell dorth arbennig, gan gynnwys bara surdoes rhug. Neu beth am flwch llawn toesion blas pei *meringue* lemwn neu garamel hallt? Mae holl gamau'r daith i'w profi ar waith, a'r iaith Gymraeg i'w chlywed yn glir. Ac nid yn unig ymysg cwsmeriaid, ac aelodau tîm Crwst, ond hefyd ar yr uwchseinydd. Cewch glywed cerddoriaeth Bwncath, Yws Gwynedd, Adwaith a'r Ods ar y cyd â Red Hot Chilli Peppers, ac Ail Symudiad, yn naturiol, yn eu plith.

Mae pob ymweliad yn cynnig gwefr, ond am brofiad arbennig trefnwch ymweliad ar Ddydd Sadwrn Barlys ar ddiwedd mis Ebrill. Mae'r orymdaith o geffylau, hen geir a thractorau yn draddodiad sydd yn deffro'r gwanwyn yn Aberteifi, ac yn glir i'w gweld trwy ffenestri llydan Crwst. Fel y dywed Osian ei hun, "Mae fel diwrnod Dolig i'r dre!" – a dyna unig ddiwrnod y flwyddyn pan gaiff yr oriau agor eu hymestyn tan bump o'r gloch y prynhawn.

Yn ystod y pandemig, datblygwyd nifer o syniadau eraill; citiau pobi, granolas, a jariau o jamiau a sawsiau blasus, fel caramel rym sbeislyd Barti. Ond y gwerthwr gorau o bell ffordd, meddai Catrin, yw'r Menyn Mêl Cymreig, syniad syml a ddaeth o hoff frecwast Osian ei hun – sef mêl lleol ar dost surdoes gyda sbrinclad o Halen Dewi.

"Wnes i neud e lan yn sydyn," meddai Osian, ond aeth mlaen i ennill dwy seren yng ngwobrau Great Taste yn 2021. "Dwi'n browd iawn o hynny, achos i fi, dyna flas yr ardal 'ma."

Bu rheswm pellach i ddathlu yn 2023, pan glywyd y byddai'r granola siocled a chnau coco yn mynd ar werth yn neuadd fwyd fawreddog Selfridges yn Llundain. Daeth nifer o'r llwyddiannau diweddar yn dilyn penderfyniad i ehangu'r tîm rheoli.

41

Apwyntiwyd Rhodri, brawd Catrin, i arwain cynnyrch newydd y busnes, a'i chefnder Pete, o Glasgow, fel rheolwr cyffredinol.

Agorwyd ail safle Crwst ger traeth Poppit yn 2021 – sy'n gwerthu hufen iâ arbennig y menyn mêl a chnau almwn, a llu o ddanteithion eraill. A caiff yr holl fara bellach ei bobi mewn becws pwrpasol ym Mharc Teifi. O'r fan honno, mae'r bara'n cael ei gludo i'r ddau safle Crwst a chanolfannau ar hyd y fro, a thu hwnt. Yn wir, mae'r dalgylch yn cynnwys caffi Calon Lân Caerfyrddin, Bwydydd Cyflawn Trefdraeth a siop fferm Cherry Picked yn Sarnau, i'r gogledd o Aberteifi – a gwelir y jariau a'r cynnyrch ar silffoedd bwyd ledled Cymru, trwy gwmni dosbarthu Blas ar Fwyd.

Ond dros y blynyddoedd diwethaf, profwyd ergydion personol, gan gynnwys marwolaeth dau o gefnogwyr mwyaf Crwst. Yn haf 2021 bu farw Wyn, ac yna'i frawd Rich (sef tad Osian), o fewn ychydig wythnosau i'w gilydd – colled enbyd i'r teulu, a'r gymuned.

"Roedd eu cefnogaeth yn meddwl popeth i ni," meddai Osian a Catrin; nid dim ond o ran y busnes, ond o ran eu bywydau y tu hwnt i'r gwaith. "Bydde Wyn yn galw am baned a sgwrs yn aml – roedd e'n *hype man* gwych droston ni. A bydde Rich mewn bob dydd, i drafod popeth ond y busnes. O'dd hynny yr un mor bwysig, i'n hatgoffa am ein bywyd ni y tu hwnt i Crwst."

Ar ôl pum mlynedd wallgo ers agor y caffi canolog, mae ganddyn nhw gydbwysedd gwaith a bywyd gwell o lawer. Yn gynharach eleni, croesawyd merch fach, Alaw Mair, i'r teulu, sydd yn naturiol wedi ehangu eu byd.

Meddai Catrin, "Bydd pobol yn gofyn weithie, beth nesa i chi? Beth yw eich cynllun pum neu deg mlynedd chi? Gyda dros 50 aelod o staff mewn tri safle erbyn hyn, cadw cysondeb a chynnal safonau – dyna beth yw llwyddiant i ni. Mae'n gyffrous bo' ni mewn lle i roi syniadau newydd ar waith, ond mae'n bwysicach bo' ni'n gallu gwerthfawrogi'r hyn ry'n ni wedi'i gyflawni, a beth sydd gyda ni ar hyn o bryd."

Diddorol yw holi'r ddau i gyflwyno eu hunain erbyn hyn:

"Perchennog busnes, dau gaffi a chanolfan

gynhyrchu yn Aberteifi, gorllewin Cymru," meddai Catrin.

"Chef" yw ateb Osian, "sy'n rhedeg fy nghaffi, cegin a becws yn Aberteifi, a rhywun sydd wedi dysgu lot dros y blynyddoedd dwetha!"

Mae brwdfrydedd y ddau am eu busnes yn heintus, a'r balchder yn eu tîm yn amlwg iawn. Ond yr hyn sy'n tanio popeth yw eu cariad at Aberteifi. Fel y dywed Osian, "Ro'n ni moyn neud ein gore dros y dre."

Crwst, Stryd y Priordy, Aberteifi SA43 1BU
www.crwst.cymru

WRTH YMWELD Â'R ARDAL, EWCH I...

Yr Hen Printworks, Aberteifi
www.yrhenprintworks.co.uk

Yr Odyn, Albion, Aberteifi
www.albionaberteifi.co.uk

Pizzatipi, Aberteifi
www.pizzatipi.co.uk

Caffi a Siop Fferm Temple Bar, Nanhyfer
www.templebarcafefarmshop.com

Y Llew Aur, Trefdraeth
www.goldenlionpembrokeshire.co.uk

TU ALLAN I'R BOCS

Edwards o Gonwy

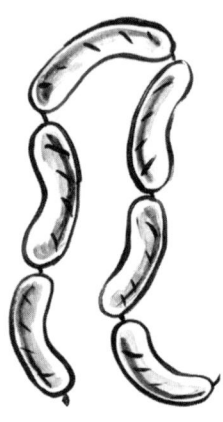

YN NAW MLWYDD OED, dysgodd Ieuan Edwards wers ddrud, sydd wedi'i gynnal ar hyd ei fywyd.

"Doedd gen i ddim pres i brynu anrheg pen-blwydd i Mam. Wnes i addewid i fi'n hun yn y fan a'r lle – dwi byth yn mynd i fod heb arian eto."

Gofynnodd Ieuan i gael ymuno â rownd laeth ei dad, Sulwyn, o amgylch ardal Llanrwst, gan ennill chweugain am bob shifft – hanner can ceiniog yn arian heddiw.

Yna, yn 13 oed, rhannodd ei dad newyddion mawr; "Gwranda, Ieuan, dydy'r ffferm ddim yn ddigon mawr i gynnal y tri ohonoch chi."

Roedd David a John, ei ddau frawd mawr, wrth eu boddau'n gweithio ar ffferm y teulu, Bron Derw, a gwyddai ei dad yn iawn nad ffermio oedd dyfodol Ieuan. Cafodd waith iddo'n golchi yn lladd-dy G Williams a'i Fab, lle aeth ymlaen i gael prentisiaeth mewn trin cig. Dysgodd bopeth am anatomeg a sut i drin yr anifail, a'r grefft o wneud selsig gan David Jones y rheolwr.

Dysgodd hefyd ei fod wrth ei fodd ag awyrgylch y siop gigydd, gan fwynhau sgwrsio gyda ffermwyr a chwsmeriaid lleol. Ac yntau'n ddisgybl yn Ysgol Dyffryn Conwy ar y pryd, roedd hefyd "yn hoff o brynu a gwerthu rhyw fanion". Fel y dywed Ieuan ei hun:

"Dwi ddim yn berson academaidd" – yn wir, rhedodd allan o'r ysgol ar ôl ei arholiad olaf. "A dwi ddim yn gallu tynnu llun. 'Dan ni i gyd wedi'n weirio'n wahanol. Ond fedra i edrych ar gynllun busnes a gweld y ffordd ymlaen."

Roedd yn 20 mlwydd oed yn cael cinio gyda'i fam, ar ei hanner diwrnod arferol i ffwrdd o'r gwaith ar brynhawn Iau, pan welodd gyfle ar dudalen Classifieds y papur lleol. Roedd prydles ar werth, sef hen siop gigydd Ivor Roberts yng Nghonwy ac aeth yn syth i'r dre ar ei union i wneud ychydig bach o ymchwil. Erbyn diwedd y prynhawn roedd wedi ysgwyd llaw ag Ivor, a daeth adre i swper i rannu'r newyddion ei fod wedi prynu siop gigydd, a hynny er mawr syndod i'r teulu.

"Conwy?" holodd ei dad.

"Fatha bo' fi 'di deud bo' fi'n mynd i'r lleuad!" ond cafodd gymorth ariannol – gwerth deg o wartheg godro – a gwerthodd ei gar Ford Fiesta 1.3 Ghia, BTU 136S am £2250.00. Yn sydyn, roedd Ieuan mewn busnes.

Roedd hynny yn 1983, ac am siwrne y bu Ieuan arni ers deugain mlynedd. Mae'n ddiolchgar i bobol Conwy am ei gymeryd i'w mynwes, a'i gefnogi. Ond mae hefyd yn gwybod pa mor werthfawr yw gweithwyr y busnes – mae nifer ohonyn nhw'n gweithio i'r cwmni ers degawdau, ac ambell un o'r cychwyn cyntaf. Dave Malloy, o Gonwy, er enghraifft; ar gychwyn ei yrfa gyda Ieuan, bu'n golchi'r siop gigydd ddeuddydd yr wythnos, ond roedd ganddo ffordd o dorri cig, a dysgodd am y busnes yn gyflym. Erbyn hyn Dave yw Rheolydd Gweithrediadau'r cwmni, ac mae Ieuan yn ei ddisgrifio fel 'right hand man' amhrisiadwy. Yn wahanol i'r ddelwedd arferol o fyd busnes fel diwydiant dienaid, anghynnes, mae Ieuan o'r gred bod rhaid i chi amgylchynu eich hun â 'phobol dda'.

"*Nice people care*, meddan nhw, yndê? Os ydyn nhw'n ffeind a gofalus maen nhw'n mynd i fod yn ofalus o dy fusnes. Mae gen i griw sy'n cydweithio efo fi sydd werth y byd."

Fe wnaeth benderfyniadau allweddol eraill yn gynnar yn hanes y busnes, gan gynnwys 'cwestiynu', ac 'edrych tu allan i'r bocs'. Ymunodd â'r Q Guild of Butchers, ac edrych tua'r cyfandir am ysbrydoliaeth, er mwyn 'dwyn syniadau'. Ar gyrsiau yn yr Iseldiroedd a'r Swistir sylwodd pa mor broffesiynol oedd y diwydiant yno, o ran safonau glanweithdra, ac roedd delwedd yn hollbwysig fel arf wrth farchnata'r busnes. Felly allan aeth y llwch lli a guddiai'r saim a'r gwaed ar lawr y siop, a oedd yn beth cyffredin yn y diwydiant. Ac i mewn daeth gwisg newydd, yn debycach i diwnig cogydd.

"Glanweithdra," meddai Ieuan, "ydy'r gwerthwr distaw mewn siop fwyd", a chynyddodd gwerthiant y busnes ymhellach. Ar ben hynny, arbrofodd Ieuan â marinadau, a thoriadau cig gwahanol, ac ehangu'r dewis ar y cownter i gynnwys pastai gig.

Ymhen pedair blynedd, gyda gofod y siop bellach yn rhy fach ar gyfer ei holl gynlluniau, prynodd siop arall, ar stryd fawr Conwy. Yna, yn 1995, cymerodd gam anferthol arall, pan sylwodd fod adeilad hardd banc Barclays ar fin mynd ar werth. Pan welodd fod yr asiant o Landudno yno, rhedodd nerth ei draed ar ei ôl, yn ei het gigydd a'i ffedog. O fewn tri munud i'r asiant osod yr arwydd 'Ar werth' ar yr adeilad, roedd wedi taro bargen â'r cigydd uchelgeisiol. Dyna'r siop grand a saif hyd heddiw, yn atyniad i ymwelwyr yn ogystal â chwmseriaid lleol, sy'n cynnig llawer mwy na siop bwtsiar draddodiadol. Croesawyd pobydd, a chogydd, i ymuno â'r cigyddion, a chownter bwyd poeth yn ogystal. Cig lleol yw calon y busnes yn y bôn, ond cyflwynodd Ieuan wahanol ffyrdd o werthu'r cynnyrch hwnnw – i gyd wedi'i baratoi dan yr un to. Daw'r cig eidion o Ddyffryn Conwy i gael ei aeddfedu a'i baratoi gan y cigydd, cyn cael ei basio ymlaen i'r cogydd, ac yna'r pobydd ar gyfer creu pastai, er enghraifft.

Daeth tro arall ar fyd i'r busnes ar droad y ganrif, wrth i archfarchnadoedd Prydain chwilio am frandiau rhanbarthol. Dewisodd Ieuan ganolbwyntio ar un cynnyrch yn arbennig, sef selsig.

"Mae'n ffynhonell o brotin sy ddim yn rhy ddrud, ac mae pob cenhedlaeth yn ei fwyta i frecwast, cinio, swper – a barbeciw."

Ond roedd angen gofod cynhyrchu llawer iawn mwy i ymateb i archebion anferthol na'r neuadd fwyd ar stryd fawr Conwy. Ac yntau eisoes wedi'i profi'i hun yn fuddsoddwr craff, cafodd gefnogaeth ariannol gan Asiantaeth Datblygiad Cymru. Gyda benthyciad sylweddol, adeiladodd bedair uned yng Nghonwy. Erbyn hyn, caiff selsig cwmni Edwards eu gwerthu mewn 800 o archfarchnadoedd – gan gynnwys

Asda, Tesco a Morrisons – ynghyd â chwmni Ocado. Mae Edwards hefyd yn un o gyflenwyr mwyaf y blychau ryseitiau Hello Fresh, sydd wedi tyfu'n sylweddol dros y blynyddoedd diwethaf.

"Buon ni'n andros o brysur dros gyfnod y pandemig, yn cyflenwi siopau a chwmni Hello Fresh. Ond cafodd nifer andros o sioc i weld mai dim ond gwerth deg diwrnod o fwyd sydd yn y wlad 'ma ar unrhyw adeg – buan iawn y caiff silffoedd eu gwagio mewn argyfwng."

Mae Ieuan hefyd yn daer dros bwysigrwydd byd amaeth, a phwysigrwydd unrhyw anifail sy'n cnoi cil a bwyta porfa i'r amgylchedd.

"Maen nhw'n rhan hanfodol o'r ateb, nid y bai, am gynhesu byd-eang."

Ers dyddiau ei brentisiaeth dan adain David Jones – sydd yn gweithio i gwmni Edwards ers blynyddoedd – dysgodd Ieuan sut i drin a pharchu pob rhan o'r anifail, ac i werthu cig lleol, Cymreig. Cynhyrchir y selsig o gig moch o Dreffynnon ers ugain mlynedd, gan ddefnyddio toriad drutach yr ysgwydd i greu selsig o'r ansawdd uchaf.

"Wna i ddim cyfaddawdu o ran hynny."

Wynebodd Ieuan ddigon o heriau ym myd busnes, yn ogystal â mwynhau amryw o lwyddiannau. Yn ddiweddar, wynebodd ei ofn mwyaf greddfol o 'golli popeth', pan oedd yr argyfwng costau ynni ar ei anterth ym mis Medi 2022. Yn wir, wedi iddo rannu cyfanswm bil trydan y cwmni gyda'i ddilynwyr ar Twitter, denwyd sylw Martin Lewis, y 'Money Saving Expert'. Mewn trafodaeth â'r arbenigwr ariannol, a hefyd yr Aelod Seneddol Ceidwadol Edwina Currie ar raglen deledu *Good Morning Britain*, mynnodd Ieuan fod defnydd Martin Lewis o'r gair *'catastrophy'* i ddisgrifio'r sefyllfa i fyd busnes yn llawer rhy ysgafn, a galwodd ar Lywodraeth y Deyrnas Unedig i ymateb ar fyrder. Ddim sbel ar ôl hynny gostyngwyd y prisiau, ond 'mae dal i fod yn risg,' yn ôl Ieuan. Mewn ymateb i'r argyfwng, bu'n gyfle i edrych y tu allan i'r bocs unwaith yn rhagor, ac mae'r cwmni yn buddsoddi'n sylweddol mewn ynni solar.

Mae Ieuan yn angerddol dros weld Cymru'n datblygu'n genedl mwy arloesol, ac edrych tua'r dyfodol.

"Rhaid i ni gael gweledigaeth fel cenedl â phwrpas, ond mae'n rhaid i hynny ddod o'r sector breifat, ac o'r awch i greu elw a busnes a swyddi."

Cred Ieuan fod 'elw' a 'busnes' yn eiriau budr i rai pobol yng Nghymru, "ond dyna sy'n talu am wasanaethau cyhoeddus". Byddai wrth ei fodd yn gweld disgyblion yn dysgu am fyd busnes yn yr ysgol, "er mwyn iddynt feddwl yn ehangach, i gymryd risg, a gweld cyfle." Dyna un rheswm yn unig pam ei fod yn ymgynghori â Menter a Busnes, i roi hyder i fusnesau bach gymeryd y cam ymlaen a thyfu.

Pe bai ganddo gyngor i unrhyw un sydd am fentro i fyd busnes, byddai'n ei siarsio i wrando ar y llais mewnol; mae nifer o'i benderfyniadau, meddai, wedi 'teimlo' yn gywir.

"Synnwyr cyffredin ydy lot o waith busnes, a bod yn broffesiynol. Does 'na ddim *silver bullet*, rhaid bod yn ddisgybledig. Cadwa at dy air, a gwranda ar dy reddf. Dydy o'm yn gymhleth, nach'di?"

Edwards o Gonwy, 18 Stryd Fawr Conwy
LL32 8DE
www.edwardsofconwy.co.uk

WRTH YMWELD Â'R ARDAL, EWCH I...

The Jackdaw, Stryd Fawr, Conwy
www.thejackdawconwy.co.uk

Coffi Providero, Llandudno
a Chyffordd Llandudno
www.providero.co.uk

Bragdy Wild Horse, Llandudno
www.wildhorsebrewing.co.uk

Bryn Williams Porth Eirias, Bae Colwyn
www.portheirias.com

Siop Win The Grape To Glass,
Llandrillo yn Rhos
www.thegrapetoglass.co.uk

Gwenyn Gruffydd

Os GOFYNNWCH CHI AM ddisgrifiad o Gruffydd Rees mewn gair, fe glywch chi'r gair 'angerddol' gan bawb.

"Ma pobol o bob oed yn heidio i'w weld e," meddai Angharad ei wraig, "ac maen nhw'n teithio o bell i drafod gwenyn ag e."

"Mae ei frwdfrydedd e'n heintus," meddai Esyllt Hedd, sy'n gweithio gyda'r ddau, wrth iddi bacio archebion cwmni mêl Gwenyn Gruffydd i bob cwr o'r byd.

Dyma Gymro a ddechreuodd ei fusnes

gyda dau gwch gwenyn yn unig, sydd bellach – gydag Angharad – yn cadw dros 300 o gychod gwenyn mewn tair sir, ac sydd wedi ennill gwobrau lu am eu mêl Cymreig.

Mae'r ffaith fod y ddau yn rhedeg cwmni cynhyrchu mêl llwyddiannus yn destun balchder, a rhyfeddod mawr. Mae 'na gymaint o ffactorau yn erbyn y fath fenter, fel bod eu dyfalbarhad yn denu edmygedd gan nifer.

Yn fachgen yng Nghrwbin, Cwm Gwendraeth, roedd Gruffydd wrth ei fodd yn yr awyr iach. Gyda'i fam yn athrawes a'i dad yn brifathro, byddai'n helpu ei fam-gu a'i dad-cu ar eu fferm, Torcoed Fawr. Roedd yr atyniad at fyd natur yn gryf iawn.

"O'n i wastad moyn ffarmo," meddai, "ac yn teimlo mai fel hyn dyle fe fod. Dyma'r job gore yn y byd!"

Pan basiwyd y fferm i aelod arall o'r teulu, canolbwyntiodd Gruffydd ar astudio Rheolaeth Cefn Gwlad yng Ngholeg Gelli Aur, a Phrifysgol Aberystwyth. Ar ôl graddio, aeth yn Geidwad Cefn Gwlad ieuengaf Cyngor Sir Gaerfyrddin. Ymysg ei ddyletswyddau oedd cynnal a chadw llwybr arfordir y sir:

"Trwsio gatiau, torri gwair – wnes i weithio pob modfedd o'r llwybr 'na, o Amroth i Bont Casllwchwr."

Cafodd Gruff bleser mawr o weithio yn yr awyr iach, a "gofalu am yr hyn ry'n ni'n ei fwynhau", ac eto, doedd y gwaith fel Ranger ddim yn ei llwyr foddhau. Tra oedd e'n saethu ffesantod ar fferm leol yng Nghrwbin, clywodd am wenynwr a fu'n cadw gwenyn yno ugain mlynedd yn ôl. Aeth i chwilio am gychod gwenyn, a chanfod dau yng nghanol y drain – ac yn fwy na hynny, gallai weld bod y gwenyn dal yn fyw. Cafodd gymorth ffrind i'w gludo yn saff, ac fel y dywed Angharad, "cael eu pigo'r holl ffordd adre yn y car!"

Serch hynny, cymerodd Gruffydd at y gwenyn yn syth, a bu'n cadw'r cychod yng ngardd ei rieni. Darganfyddodd bryd hynny fod ei hen-dadcu yn wenynwr hefyd. "Rhaid bod rhywbeth yn y gwaed!" Ddim sbel ar ôl hynny, daeth cnoc ar y drws – Dorian Harries oedd yn cadw gwenyn yn Llangyndeyrn oedd yno, yn cynnig cymorth. Bu'n fentor hael i Gruffydd ym mlynyddoedd cynnar y busnes; yn ei dywys i ocsiynau a'i gyflwyno i rwydwaith eang o wenynwyr lleol Cymreig.

Mae e'n dal i'w cefnogi fel cwsmer.

Yna yn 2011, fe wnaeth Gruffydd gwrdd ag Angharad, yn ninas Abertawe, ar ôl dilyn ei gilydd ar Twitter. Yn ferch ffarm o Horeb ger Brechfa, aeth Angharad i Brifysgol Caerdydd i astudio Cyfraith Defnyddwyr a Safonau Masnach, cyn mynd yn Swyddog Ymgyrchoedd gydag ymddiriedolaeth Coed Cadw. Beth oedd yr atyniad rhyngddyn nhw? Yn ôl Angharad, "O'n i'n joio bod e'n joio cefn gwlad shwd gymaint!" Ac fe brynodd e siwt wenyn ar ei chyfer:

"Un borffor â blodau! O'dd gen i ofn cael fy mhigo – ac ma gwenyn yn gallu synhwyro hynny. Ond roedd Gruffydd mor naturiol, ac mor amyneddgar gyda'r gwenyn, ac yn siarad amdanyn nhw gyda chymaint o angerdd. Na'th e gymryd atyn nhw'n syth."

Erbyn 2013 roedden nhw wedi prynu tŷ gyda'i gilydd yng Nghynheidre, gan adeiladu 'wompyn' o sied ar gyfer y gwenyn. Priododd y ddau ym mis Awst 2015, a symud i fferm Bryn Bach ger Dryslwyn yn fuan ar ôl hynny.

Yn gynnar yn hanes y cwmni, mae'r ddau yn cofio Gruffydd yn 'stresio' dros beth i wneud gyda deg bwced o fêl roedd y gwenyn wedi'u cynhyrchu. Hobi yw cadw gwenyn i'r rhan fwyaf o wenynwyr, gan rannu cynnyrch â theulu a ffrindiau, ond roedd Gruffydd ac Angharad yn awyddus i weld a fyddai eu mêl yn gwerthu. Roedden nhw wrth eu boddau pan gawson nhw ymateb ffafriol gan y siopau lleol oedd ar eu rhestr; siop gymunedol Brechfa, a swyddfa bost Porthyrhyd yn eu plith. Y drydedd siop iddyn nhw ymweld â hi – ar eu diwrnod cyntaf o ymchwil – oedd y mecca bwyd lleol, Danteithion Wright's, Llanarthne.

"O'n i'n chwysu gyda nerfau yn mynd yno a dweud y gwir, gan fod Simon yn feirniad bwyd adnabyddus," meddai Gruffydd. "O'dd e moyn trial y mêl yn gynta – ma gyda fe safonau uchel. Felly pan gytunodd e i werthu mêl Gwenyn Gruffydd, ro'dd hynny'n *springboard* pwysig iawn i ni."

Erbyn hyn mae mêl Gwenyn Gruffydd ar werth mewn siopau ledled Cymru, ac yn gwerthu trwy'r cyfanwerthwyr Blas ar Fwyd a Chastell Howell. Ond mae'n golygu'r byd iddyn nhw fod y potiau mêl yn dal i werthu yn y tair siop leol wreiddiol.

Roedd prynu fferm Bryn Bach – a chadw defaid a lloi – yn bwysig er mwyn rhoi sylfaen o incwm i'r cwmni. Mae 'na sawl rheswm pam fod cyn lleied o wenynwyr Cymru yn troi eu hobi yn fusnes. Yn un peth, mae tywydd Cymru yn gallu bod yn her a hanner. Yn syml, wnaiff gwenyn ddim cynhyrchu mêl pan fydd hi'n bwrw glaw.

"Gallen ni gael dwy flynedd ofnadwy o dda o gynhyrchu mêl, yna'r nesaf peth i ddim y flwyddyn wedyn."

Mewn ymateb i hynny, maen nhw'n derbyn mêl ac yn cydweithio â gwenynwyr eraill, ac wedi mynd ati i osod dros 300 o gychod gwenyn ledled Sir Gaerfyrddin, de Ceredigion a gogledd Sir Benfro. Nid pob lleoliad sy'n llwyddiannus, gydag ambell safle yn arwain at dor calon. Roedd y Mynydd Du, er enghraifft, yn rhy wyntog, a'r tymheredd yn rhy isel i'r gwenyn.

"Mae gen i ddau ddyletswydd – i'r busnes, a hefyd i'r gwenyn. Y peth pwysig o ran y gwenyn yw bo' fi'n eu gosod nhw ble ma nhw'n gallu ffynnu, a ble dy'n nhw ddim dan straen."

O ran hynny, mae'r cwmni yn cynhyrchu

mêl grug ardderchog, wrth fynd â'r gwenyn i ogledd Cymru ar ddiwedd tymor yr haf. Mae'r mêl grug yn gynnyrch arbennig iawn, ac enillodd ddwy seren Great Taste yn 2023.

"Dyma'r mêl 'Manuka' Cymreig. Ma fe'n fêl tew, â blas cryf a chrenshlyd, ac yn apelio at *connoisseurs* bwyd da – ond mae e hefyd yn antiseptig gwych, ac yn dda iawn i'r system imiwnedd."

Mae gan y mêl dant y llew hefyd nodweddion meddygol arbennig, gydag ymchwilwyr o Brifysgol Caerdydd yn ei archwilio ar hyn o bryd. Yn wir, mae Gruffydd yn benderfynol o ledaenu'r efengyl.

"Dylai fod pawb yn bwyta mêl bob dydd, a bod e 'na ar y bwrdd bwyd, fel halen a phupur. Mae e'n arbennig o iachus – yn llawn *enzymes* a fitaminau, ac mae e'n dda iawn i daclo clefyd y gwair. Cymerwch lwyaid lawr y llwnc peth cynta yn y bore, a hanner llwy de yn eich te neu goffi, heb sôn am gyda'ch brecwast, cinio a swper." Yn wir, mae gan fêl botensial anferthol fel cynnyrch meddygol yn y dyfodol.

"Ma colegau yn edrych ar fêl am atebion

posib i lawer o broblemau'r byd modern."

Ond mêl gwreiddiol Gwenyn Gruffydd – mêl blodau gwyllt Cymreig – yw'r gwerthwr gorau o bell ffordd. A hwnnw a dderbyniodd wobr un seren Great Taste yn 2017, yna dwy seren yn 2018. Dyna yw sylfaen y cwmni, sydd wedi ennyn teyrngarwch mawr. Ond mae Gruffydd yn cymharu ehangiad y brand â byd gwin o wahanol oedrannau, a'r blasau amrywiol sy'n deillio o flwyddyn i flwyddyn.

"Dyw pobol ddim yn glynu at un math o win, ac yn dweud 'Dyma'r gwin dwi am ei yfed am byth.' Ond os ydych chi'n ymddiried mewn un potel arbennig, byddwch chi'n fwy tebygol o arbrofi â gwinoedd eraill o'r un cwmni. Hoffen i i bobol ystyried gwahanol fathau o fêl yn yr un ffordd."

Bydd mêl arbennig Gwenyn Gruffydd 2023, er enghraifft, yn blasu'n gryf o'r ddraenen wen.

"Blas cnau sydd ar hwnnw, gydag arogl cryf. Ry'ch chi'n tasto fe gyntaf yn y trwyn cyn ei lyncu, ond ma 'na flas dwysach wrth i'r gwres daro eich gwddf."

Yna mae'r Special Edition, Mêl Iorwg

yr Hydref, a gynhyrchwyd yn 2021, sy'n cynnwys canran uwch na'r arfer o iorwg – "mêl caled tu hwnt, sy'n blasu bach fel moddion". Enillodd hwn hefyd un seren Great Taste yn 2023. Ar y cyd â'r Mêl Grug a'r Mêl Blodau Gwyllt Cymreig, caiff ei becynnu fel anrheg 'Y Triawd Cymreig'. Yn wir, daw'r pecyn gyda darlun hyfryd o'r holl flodau gwyllt – celyn, iorwg, mwyar, lili wen fach, meillion, clychau'r gog, dant y llew a grug yn eu plith – gan gymydog o'r enw Helen.

Daeth y pecyn arbennig hwnnw o gyfnod y pandemig, wrth gwrs – cyfnod o syniadau a datblygiadau. Yn wir, ar ôl gweithio'n galed trwy holl heriau Brexit, daeth ambell gyfle annisgwyl i'r ddau. Dechreuodd y cwmni werthu offer cadw gwenyn o'r cyfandir, a bellach maen nhw'n hyfforddi eraill ar gyrsiau undydd ym Mryn Bach. Lansiodd Gruffydd hefyd sianel YouTube ei hun, sy'n denu gwylwyr o bob oed.

"Mae'n hyfryd gweld ffans ifanc Gruff yn dod i'r siop, i gael dechre ar eu llwybr cadw gwenyn eu hunain."

A thrwy gynhyrchwyr offer yn Ffrainc,

mae'r ddau wedi cael cyflwyniad i wenynwyr yn Provence, sy'n golygu eleni y byddan nhw'n gwerthu mêl lafant o Dde Ffrainc.

Beth nesa felly i gwmni prysur Gwenyn Gruffydd? Ar ben popeth, maen nhw'n rhieni i dri o blant erbyn hyn – Ifan, sy'n 7, Llew sy'n 4, a Fflur sydd bron yn flwydd oed.

"Ma 'na bendant le i ddatblygu, a hyfforddi rhagor o bobol," meddai Angharad. "Dim ond un Gruff sydd gyda ni yn anffodus, ac ma'r galw amdano, ac am bopeth, yn cynyddu. Roedd cyfnod y pandemig mor brysur ar adegau fel bod rhaid i ni gau'r wefan dros dro er mwyn dal i fyny ag archebion, a chanolbwyntio ar bacio. Y trobwynt i fi oedd cyflogi Esyllt i'n cynorthwyo. O'dd e'n benderfyniad mawr, ond ma rhaid derbyn pan mae angen help arnoch chi."

Cyflogi prentis i Gruffydd sy'n un flaenoriaeth yn sicr – rôl fydd o ddiddordeb mawr i nifer.

"Bydd ambell un yn awgrymu wrth ein gweld ni'n hyfforddi eraill, 'Nag y'n nhw'n mynd i fod yn gystadleuwyr i ni yn y diwedd?' Yr ateb yw na; maen nhw'n gwsmeriaid i ni, a falle yn y pen draw byddan nhw'n cyflenwi mêl i ni. Ma 80% o'r mêl sy'n cael ei brynu ym Mhrydain yn fêl sydd wedi cael ei fewnforio o dramor. Ma'r galw yno amdano, ond does dim angen mêl diflas wedi'i flendio."

Mae cais ar hyn o bryd am statws PGI (Protected Geographical Indication – Dynodiad Daearyddol Gwarchodedig) i Fêl Blodau Gwyllt Cymru, ac mae Gruffydd yn bendant o blaid hynny.

"Be dwi *ddim* isie yw i fêl gan wenynwyr Cymreig fynd i Loegr i gael ei gymysgu a'i becynnu fel mêl Prydeinig, achos – a dim *spiel* yw hyn – ma mêl blodau gwyllt o Gymru gymaint gwell."

Mae Angharad yn ddiolchgar tu hwnt i Cywain am fod yn gefn, ac yn sbardun i syniadau, ond ar yr un pryd mae hi'n onest am realiti'r busnes.

"Ni wedi gorfod dysgu pethau'n galed, o ran marchnata, creu labeli, rheolau iechyd a diogelwch... Does dim llawlyfr, a ti wir yn dysgu oddi wrth dy gamgymeriadau. Ry'n ni'n falch iawn o bob gwobr, ac yn amlwg byddai'n neis cael tair seren Great Taste yn y dyfodol, ond dwi jyst yn browd bo' ni nawr yn cyflogi tîm bach o dri, gan gynnwys ni. Falle mewn deg mlynedd bydd gyda ni dîm o ddeg. Pwy a ŵyr ble ry'n ni'n mynd i gyrraedd, ond ry'n ni ar y siwrne."

Ategu hynny mae Gruffydd, wrth restru blaenoriaethau.

"Mwy o fêl, mwy o wenyn, mwy o staff; so ni'n slofi lawr o gwbl. Dwi'n browd iawn o ble ry'n ni wedi cyrraedd, a be ni wedi neud gyda'r gwenyn. Bach iawn o bobol sy'n neud busnes mas o hyn, ac yn bwysicach, neud dyfodol mas ohono."

Gwenyn Gruffydd, Bryn Bach, Dryslwyn SA32 8SE
www.gwenyngruffydd.co.uk

WRTH YMWELD Â'R ARDAL, EWCH I...

Danteithion Wright's Food Emporium, Llanarthne
https://shop.wrightsfood.co.uk

Y Polyn, Capel Dewi ger Nantgaredig
www.ypolyn.co.uk

Coffi Coaltown, Rhydaman
www.coaltowncoffee.co.uk

Gwesty Cawdor, Llandeilo
www.thecawdor.com

Diod, Llandeilo
www.diod.cymru

Cwrw Llŷn

I FRAGU CWRW CYMREIG blasus, cyfunwch ddŵr, burum, haidd a hopys, a deuddeg aelod o gefndiroedd amrywiol o gwmni cydweithredol llwyddiannus! Dyna yw cyfrinach Cwrw Llŷn, a sefydlwyd yn 2011. Hobi i griw o ffrindiau oedd y fenter i ddechrau, yn dathlu eu hoff bethau am Gymru a Phen Llŷn. Ond yn fuan dyma nhw'n gwireddu'r freuddwyd o sefydlu bragdy, sy'n chwifio'r faner dros yr iaith ac yn denu ymwelwyr ar daith i ogledd-orllewin Cymru.

Yn ôl Iwan ap Llyfnwy, rheolwr y bragdy, trafodwyd y syniad dros beint yn nhafarn y Fic yn Llithfaen.

"Roeddan ni'n arfer mynd fel criw ar deithiau i fragdai dros y ffin – fel Holden's yn Dudley, bragdy Ludlow yn Llwydlo, a Hawkshead yn Ardal y Llynnoedd. Roedd rhai yn deall mwy am gwrw crefft nag eraill, ond roedd pawb yn mwynhau'r cwrw a'r cwmni."

Un o'r dwsin, Myrddin ap Dafydd – 'dyn Guinness', yn ôl Iwan – gyflwynodd y syniad o brynu hen offer Cwrw Nant Conwy.

"Roedd hi'n gyfnod y *premium lagers*, ond dyma ni'n dilyn rysáit gan fragwr Cwrw Nant Conwy. Roedd 'na lawer o drafod, cymryd nodiadau ac arbrofi."

Aeth y dwsin draw i Ysgubor Plas yn Llwyndyrus a dechrau bragu ar y dydd Sul cyntaf. Gosodwyd y cwrw mewn casgen am wythnos, a'i flasu ar y dydd Sul canlynol.

"Roeddan ni 'di dychryn pa mor dda oedd o, a deud y gwir. Ar fy marw! Roeddan ni 'di amau y basa fo'n blasu'n reit dda, ond wir, roedd hwn yn ddigon da i'w werthu!"

Yn fuan ar ôl hynny, buddsoddodd y

deuddeg yn y cwmni, a dechrau bragu mewn hen sied wartheg. Y ddau gwrw cyntaf iddyn nhw eu gwerthu oedd chwerw Brenin Enlli a chwrw euraid Seithennyn – wedi'u henwi ar ôl dau o gymeriadau chwedlonol Bae Ceredigion. Erbyn 2012, symudon nhw i uned mewn ystâd ddiwydiannol yn Nefyn. Fel llawer o fragdai eraill ym Mhrydain, daeth yr haidd o swydd Norfolk, a'r hopys o Wiltshire, ond daeth y dŵr o Lyn Cwmystradllyn, Eryri.

Roedd galw mawr am y cwrw a'r ymateb yn wych, ond roedd hi'n broses reit rwystredig ar adegau.

"Roeddan ni'n addasu ryseitiau, ac yn mynd ar lot o gyrsiau, ond ar y cyfan, roeddan ni'n dysgu o'n camgymeriadau – ond doedd 'na ddim digon o gysondeb. Roeddan ni 'di cyrraedd rhyw fath o safon fel undeb, ond roedd hi'n bryd i rywun ddangos arweiniad, er mwyn i ni fedru cyrraedd lefel uwch."

Yn 2013, gwnaethpwyd gais i gronfa cymunedau Arfor a ariannwyd gan Lywodraeth Cymru, i ddatblygu ac ehangu'r cwmni. Bu'r cais yn llwyddiannus, gan dalu am fan ac offer newydd. Yn bwysicach, fodd bynnag, roedd 'na arian am reolwr llawn-amser, a gyda chefnogaeth yr un ar ddeg aelod arall, apwyntiwyd Iwan ap Llyfnwy i'r swydd.

Yn wreiddiol o Lithfaen, gadawodd Iwan yr ysgol yn un ar bymtheg; aeth i Kansas yn yr Unol Daleithiau i yrru peiriannau cynaeafu, a bu'n rhedeg tafarn y Fic am gyfnod. Ond aeth hefyd i weithio fel saer maen gyda'i frawd, yn gweithio â charreg ithfaen Trefor.

"Mae'n garreg hardd a chaled. Bydda i'n gweld fy ngwaith ar dai wrth basio hyd heddiw, neu wrth basio arosfannau bws ym Mhontllyfni, Penmorfa a Threfor. Ond ro'n i'n dal i deimlo'n aflonydd, heb ffeindio'r swydd iawn i mi – tan Cwrw Llŷn."

Roedd 'na fynydd a hanner i'w ddringo, pan dreuliodd fis dwys yng ngholeg bragu Brewlab yn Sunderland.

"Dyna, yn bendant, oedd y trobwynt i mi. Wedi hynny roedd popeth yn glir."

Dychwelodd Iwan i Nefyn yn llawn brwdfrydedd. Ymysg y newidiadau addaswyd rhai ryseitiau, ac aildrefnwyd y system lanhau.

"Roedd 'na drefn a chysondeb o'r diwedd – a chynyddodd yr archebion yn syth. Ma rhaid i chdi gael angerdd, a rhoi cant y cant i dy waith, ac mi oedd pawb yn gefn i mi."

Ar gyfer Gŵyl y Cwrw Cyntefig yn 2014, aethpwyd ati i ail-greu cwrw a fyddai wedi perthyn i fragdy Oes Efydd Porth Neigwl. Roedd fersiwn cynharaf cwrw Porth Neigwl yn cynnwys blodau'r eithin i ychwanegu blas a burum i'r brag. Esblygodd y cwrw siarp hwnnw i gynnwys hopys Americanaidd yn arddull IPA y Byd Newydd. Erbyn hyn cwrw Porth Neigwl yw eu cwrw mwyaf poblogaidd – ac mae ar gael mewn tafarndai ledled Pen Llŷn.

Yn 2016, symudwyd y bragdy i ganolfan bwrpasol, gan ychwanegu bar er mwyn croesawu ymwelwyr yn 2017. Bu cydweithio â chwmni dylunio Jonty Storey a'i wraig Helen yn Llanbedrog, ar brosiect ailfrandio trawiadol. A chynyddu wnaeth y galw i werthu Cwrw Llŷn mewn gwyliau poblogaidd, o'r Eisteddfod Genedlaethol i Ŵyl Fwyd a Chrefft Portmeirion, a Gŵyl Fwyd Caernarfon, i enwi dim ond tri.

Diolch i hyder newydd y cwmni, aeth Iwan ati i arbrofi ymhellach gyda ryseitiau newydd, a hyd yn oed herio'i ragfarnau ei hun.

"Roedd y steil IPA wedi dod yn andros o boblogaidd, ond doedd o ddim at ddant pawb. Dwi'n cofio ymateb ambell un wrth gymryd eu llymaid cyntaf, 'Arglwydd Mawr!' Doeddan nhw heb arfer â'r blas hopys cryf yna ond eto roedd o'n ateb rhyw alw doeddat ti ddim yn gwbod oedd yna. 'Dan ni'n bendant wedi agor *palates* ambell un!"

Bu addasu pellach ar rai o'r ryseitiau cynharaf, gan gynnwys cwrw coch â blas haidd Cochyn (sydd wedi'i enwi ar ôl y môr-leidr byd-enwog Barti Ddu), a'r cwrw ysgafnach, mwy blodeuog Y Brawd Houdini – eu teyrnged i'r cerddor Meic Stevens. O ran proffil blas, mae Iwan yn disgrifio llwyddiannau gwreiddiol fel Brenin Enlli a Seithennyn fel cwrw 'canol y ffordd'. Datblygwyd cwrw golau Mimosa, yn dilyn llwyddiant Porth Neigwl, ac mae hwnnw'n andros o boblogaidd ganol haf.

"Y blas chwerw sy'n taro dy drwyn a dy dafod, ond erbyn i ti'i lyncu, blas ffrwythau sy'n ei ddilyn, gan adael blas tebyg i rawnffrwyth yn dy wddf."

Un o lwyddiannau personol Iwan, meddai, yw arloesi gyda Pilsner Cymreig –

rhywbeth yr oedd yn reit gyndyn o'i wneud i gychwyn.

"Dwi'n cofio meddwl, be ydy'r pwynt cystadlu efo'r mawrion ar y cyfandir? Ond es i draw i Belgrade efo'r criw pêl-droed i gefnogi Cymru yn erbyn Serbia yn 2017. Roeddan ni'n griw da o ffrindiau ond doedd ganddyn nhw ddim diddordeb o gwbl mewn cwrw crefft, a'u harfer nhw oedd yfed lager canol y ffordd. Ond dim ond y lager pilsners lleol oedd ar gynnig wrth y bar."

Felly dyma Iwan yn cynnal arbrawf i weld beth fyddai'r effaith; gofynnodd am bum peint o'r pilsner lleol, ac yfodd pawb eu diodydd yn ddi-gŵyn.

"Es i ati i'w ddatblygu efo hopys cyfandirol. Unwaith ges i'r syniad, roedd o'n hwyl." A'r peth mwyaf boddhaol am arwain y ffasiwn yn Nefyn? "Ma'r cwmnïau mawrion ym Mhrydain i gyd yn cynhyrchu pilsner erbyn hyn." Cafodd y cwrw casgen a photel Largo ei enwi ar ôl baled enwog Cynan, am bysgotwr a gollodd ei galon i fôr-forwyn ym Mae Pwllheli.

Cafodd Cwrw Llŷn y flwyddyn orau erioed rhwng 2019 a dechrau 2020. Ac yna daeth Covid.

"Roeddan ni mewn lle reit gryf fel busnes yn mynd i fewn i'r pandemig, ond dwi'n cofio meddwl, o, fy Nuw... Efo Pasg ar y ffordd, roeddan ni 'di bod yn bragu fatha ffyliaid, ac roedd yr oergell yn orlawn o gasgenni."

Gyda nifer o bobol ar ffyrlo, roedd 'na alw am y cwrw trwy'r wefan. Dyma roi meddwl ar waith, ac ymchwilio i'r maes, ac archebu llwyth o gasgenni 5 litr. Mae Iwan yn cofio cael agor cefn y bragdy er mwyn i bobol leol ddod i brynu, o dan amodau cadw pellter dau fetr o'i gilydd.

"Tu allan i'r bragdy roedd 'na giw anferthol fatha neidar. Roeddan ni 'di dychryn am ein bywydau!"

Dyma nhw'n agor toc ar ôl un, ac erbyn pedwar o'r gloch roedd Cwrw Llŷn wedi gwerthu allan o gwrw! Roedd o hefyd yn gyfle i wneud y mwyaf o'r gofod, datblygu bar yn yr awyr iach.

"Roeddan ni'n lwcus uffernol. Ac roedd o'n gadarnhad – 'dan ni'n bendant yn gneud rwbath yn iawn. Roeddan ni'n gallu denu pobol, ac roedd pobol isio dod aton ni. Roedd o'n grêt clywed pobol yn sgwrsio o bellter, mor falch i weld ei gilydd."

Mewn cyfnod newydd o bryder – argyfwng economaidd y tro hwn – blaenoriaeth cwmni Cwrw Llŷn yw gofalu ar ôl eu gweithwyr.

"Mae pethau'n gyson ar hyn o bryd, 'dan ni'n cynyddu trosiant bob mis, ond allwn ni ddim cynhyrchu mwy neu fydd 'na ormod o bwysau ar bawb. 'Dan ni'n ymfalchïo yn y ffaith ein bod ni'n llwyddo i gyflogi a chynnig swyddi i gadw pobol yn eu hardal. 'Dan ni hefyd yn falch bod ein labeli cwrw yn y Gymraeg, ac yn ddwyieithog, a'n bod ni'n gallu rhannu tipyn bach o'n hanes."

Mae'r bragdy yn fwrlwm o ymwelwyr trwy'r flwyddyn, gan gynnwys aelodau cyrsiau Canolfan Iaith Nant Gwrtheyrn. Ac mae 'na atyniad arall yno ers 2022, sef stondin fwyd Môr Flasus – cwmni lleol Siân Davies a Dyddgu Mair. Ar eu bwydlen achlysurol yn iard y bragdy mae danteithion fel 'potas pysgod', a chimwch Porthdinllaen wedi'i ferwi mewn Cwrw Llŷn gyda bara o Fecws Islyn, Aberdaron. Dylan, brawd Siân, a Bleddyn eu cefnder, a'u cyfaill Shaun sy'n pysgota'r cynnyrch ym Mae Nefyn.

Mae'n rhoi pleser mawr i Iwan weld y bragdy a'r bar dan ei sang, hyd yn oed os ydy hi'n 'lloerig' dros fisoedd braf yr haf.

"Mae cael mwynhau peint ar ddiwrnod prysur o fragu yn help mawr! Mae'n uffernol o bwysig mewn busnes fel hyn i gael pawb o gwmpas fel tîm, a bod pawb yn fodlon mynd un cam yn ychwanegol. Yr hyn sy'n braf efo Cwrw Llŷn ydy os oes gen ti broblem mae gen ti eraill yn gefn."

Cwrw Llŷn, Nefyn, Pwllheli LL53 6EG
www.cwrwllyn.cymru

WRTH YMWELD Â'R ARDAL, EWCH I...

Tafarn Yr Heliwr, Nefyn
www.yrheliwr.cymru

Caffi Meinir, Canolfan Nant Gwrtheyrn, Llithfaen
www.nantgwrtheyrn.org

Cwt Tatws, Tudweiliog
www.cwt-tatws.co.uk

Gwesty Tŷ Newydd, Aberdaron
www.gwesty-tynewydd.co.uk

Gwin Llŷn, Pwllheli
www.gwinllynwines.co.uk

LLWYBR LLAETHOG

Llaeth Teulu Jenkins

Bu DATHLU MAWR YNG ngogledd Ceredigion pan gyhoeddwyd sêr Michelin 2022 – dwy seren i fwyty Ynyshir ac un seren i SY23, ynghyd â'r wobr am fwyty gorau'r Deyrnas Unedig ac Iwerddon. Wrth gwrs, nid dyma'r tro cyntaf i'r rhan yma o Gymru ennill statws chwedlonol – wedi'r cyfan, dyma ble lleolwyd Cantre'r Gwaelod. Ond, chwe milltir o Ynyshir ac wyth milltir o SY23, roedd gan deulu Jenkins reswm arbennig i godi glasied o'u llaeth organig mewn llwncdestun.

Dros gyfnod y pandemig, profodd y teulu dipyn o newid sy'n perthyn i dueddiad sydd ar gynnydd yng Nghymru wledig. Ers rhai blynyddoedd bellach, codwyd cytiau llaeth, o Nefyn i Nantgaredig, ac un enw amlwg yn eu plith yw Llaeth Teulu Jenkins. Mae ganddyn nhw ddau gwt llaeth – ym Machynlleth ac Aberystwyth – lle gewch chi brynu ysgytlaeth a photeli llaeth. Er mor syml yw'r syniad o archebu llaeth ffres o beiriant, mae'r cynnwrf o bwyso'r botymau am y tro cyntaf yn ddigon tebyg i ryfeddod plentyn. Ond yr hyn sy'n fwy rhyfeddol yw pa mor sydyn daeth y fath lwyddiant, a hynny yn ystod cyfnod heriol Covid.

Mae fferm Cerrigcaranau Uchaf wedi bod yn y teulu ers bron i ganrif a hanner, a'r brodyr Geraint ac Eifion yw'r chweched cenhedlaeth i gadw'r tir. Yn rhan fawr o'r busnes mae eu rhieni Dilwyn ac Eirlys, a'u gwragedd Eleri a Sara. Mae ymweld â fferm y teulu yn antur ynddo'i hun, a'r olygfa dros Fae Ceredigion yn epig. Islaw mae Cors Fochno, sy'n rhan o Warchodfa Natur Genedlaethol Dyfi, gyda'r enw Cerrigcaranau yn cyfeirio at gymeriad Gwyddno Garanhir, brenin

Cantre'r Gwaelod. Roedd 'na wledd yn llys y brenin, yn ôl yr hanes, pan drawodd storom y deyrnas, a Seithennyn, gwyliwr y glannau, yn feddw gaib. Agorodd y llifddorau, a boddwyd Cantre'r Gwaelod. Mae sôn mai ar dir y fferm mae carreg fedd Gwyddno, ond stori arall yw honno...

Storom arall, fodd bynnag, a newidiodd hanes Cerrigcaranau, pan drawodd y pandemig yn 2020. Roedd y teulu yn ffermio Gwartheg Duon Cymreig a defaid, ac yn godro buches fechan o wartheg Holstein. Ymlaen aeth y gwaith o gyflenwi cwsmeriaid; aeth y cig organig i Waitrose, er enghraifft, a'r llaeth organig i Sainsbury's trwy gwmni cydweithredol ffermydd organig OMSCO (Organic Milk Suppliers Co-operative Limited). Ond yn ystod y cyfnod clo cyntaf, holodd ambell gymydog gwestiwn; a fyddai modd iddyn nhw brynu llaeth Jenkins yn syth o'r fferm?

'Na' oedd yr ateb yn wreiddiol, am resymau iechyd a diogelwch, ond aethon nhw ati i ymchwilio i'r broses bastiwreiddio. Ar raddfa ddiwydiannol, mae llaeth yn cael ei bastiwreiddio'n gyflym ar dymheredd uchel, i gael gwared ar y bacteria niweidiol. Ond darganfyddodd Eifion beiriant a fyddai'n gallu gwneud hynny ar raddfa llai, ac i siwtio anghenion gwahanol. Fel yn achos dull coginio 'low and slow', dechreuon nhw bastiwreiddio'r llaeth am gyfnod hirach, o hanner awr, ar dymheredd is o 65 gradd Selsiws. Mae'n ffordd mwy traddodiadol, sy'n golygu bod y llaeth yn cadw blas mwy naturiol; mae'n llaeth cyflawn, cyfoethog, hufennog, sy'n cynnwys 4% o fraster ar y mwyaf.

Fe ddechreuon nhw werthu'r hylif mewn poteli gwydr cynaladwy i siopau a chyflenwyr lleol. Ymysg y cyflenwyr gwreiddiol roedd canolfan Cletwr, Tre'r Ddôl, a dim ond tyfu wnaeth y galw yn nhalgylch Bro Ddyfi, gan gynnwys siop Tywyn Foods. Ymchwilion nhw hefyd i beiriannau gwerthu llaeth, gan ffeindio cyflenwr o Wlad yr Haf. Ac yn Ionawr 2021, lleolwyd eu peiriant llaeth cyntaf yn Yr Hen Ysgol Gymraeg yn Aberystwyth. Bonws, mewn gwirionedd, oedd y cyfle i weini ysgytlaeth – blas mefus, banana neu siocled – ynghyd â photeli llaeth o feintiau gwahanol. Gyda'r tafarndai i gyd ar gau, a'r llaeth yn rhatach ac yn iachach i'w yfed na chwrw, roedd myfyrwyr Aberystwyth ymysg y cwsmeriaid cynnar mwyaf selog. Ond daeth ymateb arall cadarnhaol ymysg y trigolion lleol, sef y pleser o gefnogi cwmni cynhenid, organig. Daeth pobol i'r arfer â chyfnewid potel litr wydr bob yn eilddydd, a gweld buddion fel llai o wastraff plastig wrth ailgylchu ar ddiwrnod sbwriel.

Cynyddu wnaeth yr archebion gan nifer o siopau'r dalgylch, fel caffi-bwyty Medina yn Aberystwyth. Yn wir, pan gymerodd Medina reolaeth dros gaffi'r Prom Diner ar lan y môr, fe sbardunodd adborth gan y perchennog syniad pellach. Mewn gofod mor fach, doedd ganddi ddim lle i boteli plastig, felly aeth Eifion, sy'n dipyn o beiriannydd, ati i arloesi. Creodd beiriant digon tebyg i gasgen gwrw, a'i addasu i ddarparu llaeth yn ddidrafferth, ac yn ddiwastraff.

Ac mewn cyfnod mor wahanol, cododd gyfle annisgwyl, wrth i'r cogydd Nathan Davies o SY23 ddatblygu'i fwydlen wobrwyol. Wedi blynyddoedd yn coginio yn Ynyshir, Eglwysfach, roedd wedi derbyn cynnig i redeg ei fwyty ei hun ar ddiwedd 2019. Roedd e eisoes yn adnabod Eifion a Sara, gan fod eu plant yn mynd i'r un ysgol, ond yn ystod y pandemig aeth ati i ddatblygu'i fwydlen flasu unigryw wrth arbrofi â chynhwysion lleol. Un o seigiau arbennig y fwydlen yw Caws Penhelyg, o Rydyfelin. Prif gynhwysyn y caws arbennig yw Llaeth Teulu Jenkins – ac fe ddaw i'r bwrdd dan gawod o gloron (*truffles*) Cymreig.

Ddim sbel ar ôl sefydlu'r berthynas arbennig honno, daeth ymwelydd arall i gnocio ar y drws. Y cawr o gogydd Gareth Ward oedd yno, sef cogydd-berchennog Ynyshir cyfagos. Dyfarniad y cogydd oedd ag un seren Michelin ar y pryd oedd fod Llaeth Teulu Jenkins yn '*unreal*!' Yn wir, profiad anhygoel yw gwledda yn Ynyshir – daw pobol yno o ben draw'r byd i brofi swper 30 cwrs. Ond cyn mynd i'r bwyty, fe gewch chi groeso arbennig wrth i rai o gynhwysion amrwd y fwydlen eu datgelu. Ar y cyd ag elfennau dwyreiniol – fel tiwna Siapan a chig eidion Kobe – mae potel drawiadol o laeth sy'n hynod o leol! Mae'r fath brofiad yn rhoi urddas i gynhwysyn

Cymreig, wrth ddangos i bobol sy'n fodlon talu dros £300 y pen am eu swper fod llaeth organig lleol gystal bob tamaid â thrysorau o bell.

Mae Gareth a'i bartner Amelia yn benderfynol o berswadio'r teulu Jenkins i ehangu eu busnes i gynnwys hufen. Mae hynny'n bendant yn bosibilrwydd, meddai Sara sydd, fel Eifion, yn taro'r deugain oed yn 2023, ac sy'n disgwyl eu pedwerydd plentyn cyn bo hir. Mae 'na gymaint o bosibiliadau, ond y gwir amdani yw eu bod nhw'n diolch am bob bendith hyd yma. Mae pob aelod yn brysur o fore gwyn tan nos, gydag amserlen ddyddiol sy'n gweithredu fel ras gyfnewid!

Gydag Eifion a Sara a'u merched yn byw ar fferm Wileirog yng Nghlarach, Geraint a Dilwyn sy'n dechrau ar y godro am bump y bore. Bydd Eirlys yn cyrraedd i botelu'r llaeth, tra bod Eifion yn canolbwyntio ar y pastiwreiddio. Yna, ar ôl mynd â'r plant i'r ysgol yn Bow Street, bydd Geraint a Sara yn cyfnewid y fan laeth, a bydd hithau'n mynd yn ei blaen i gyflenwi canolfan Cletwr a Ynyshir. Bydd Eleri, gwraig Geraint, sy'n athrawes ym Machynlleth, yn ail-lenwi'r Cwt

Llaeth yno cyn danfon poteli llaeth i gaffi a siop Tŷ Cemmaes ar yr A470. Mae taith Sara yn parhau i siopau a bwytai Aberystwyth – gan gynnwys Medina, Y Gornel ac SY23 – cyn ail-lenwi peiriant llaeth Yr Hen Ysgol. Hi hefyd sy'n gyfrifol am yr ochr farchnata ac mae 'na ddigon o alwadau amdani, rhwng popeth.

Beth felly yw'r freuddwyd? Tyfu'n gwmni cenedlaethol? Gweld Llaeth Teulu Jenkins mewn oergelloedd a bwytai o Fôn i Fynwy? Yn ôl Sara, nage wir. "Ydyn, ry'n ni'n gynhwyrchwyr llaeth, ond ffermwyr ydyn ni yn y bôn." Byddai'n well ganddyn nhw gadw'r busnes mor gynaladwy â phosib ac o fewn eu cymuned yng ngogledd Ceredigion a glannau Dyfi. Maen nhw hefyd yn cefnogi ffermwyr o bob rhan o Gymru fyddai'n hoffi datblygu eu busnesau ar gyfer eu broydd eu hunain.

"Does ganddon ni ddim diddordeb i deithio milltiroedd pell, ry'n ni'n fusnes sy'n gyfeillgar i'r amgylchedd. Mae pob fferm yn fusnes, ac ma'r gymuned amaethyddol yn cefnogi'i gilydd – dy'n ni ddim yn dymuno damshgen ar draed neb arall."

Yn wir, cawson nhw sgyrsiau di-ri â theulu fferm Gwarffynnon, sydd â dau 'far llaeth' yn Llwyncelyn a Llanbedr Pont Steffan.

"Fe wnaeth Covid ein helpu mewn ffordd, gan roi'r sbardun i ni fynd amdani. Ond y peth ry'n ni'n fwyaf balch ohono yw'r gefnogaeth gan bobol leol, sy'n prynu ein cynnyrch lleol."

A beth am y gwartheg Holstein, y sêr sydd ar bob cwpan ysgytlaeth? Maen nhw'n byw bywyd braf dros fisoedd y gwanwyn a'r haf yn gorweddian yn hapus yn yr heulwen. Mae golygfa anhygoel o'u blaenau wrth gnoi cil, yn ymestyn o'r Borth i Aberdyfi. Geiriau fel 'annwyl' a 'chwilfrydig' sy'n neidio i feddwl Sara wrth eu disgrifio.

"Y tro cyntaf maen nhw'n cael eu troi allan, ar ôl bod dan do dros y gaeaf, maen nhw bron yn carlamu, maen nhw ar ben eu digon. Maen nhw moyn bod allan, mae'n fwy naturiol iddyn nhw fod allan, ac mae'n fwy economaidd i ni eu bod nhw allan yn pori'r tir yn lle pori silwair. Maen nhw'n hapus, wedi ymlacio, yn joio mas yn yr haul... ac ma ambell un yn fwy o gymeriad na'r lleill!"

"Pan fydd hi'n dod at dri o'r gloch bydd rhai wedi cyrraedd y gât yn barod. Dy'n ni ddim yn gorfod dod i moyn nhw, maen nhw'n gwbod pryd ma amser godro. Dim ond agor gât, a byddan nhw'n dod i fewn i'r parlwr eu hunain. A'r un rhai sydd ar y blaen bob tro."

Mae'n olygfa heddychlon, gydag ambell sgwarnog a philipala, a barcutiaid coch yn hedfan uwchben. Rhywle ar y tir mae carreg Gwyddno Garanhir, ond heb yr un gloch i'w chlywed yn canu, does dim brys yn y byd i darfu. Tra oedd Eifion ar ei dractor yn 2002, fe wnaeth daro ar flwch derw a gafodd ei archwilio, a'i garbon-ddyddio rhwng 1080 a 1120 OC. Bellach mae'r brodyr a'u gwragedd yn magu'r seithfed genhedlaeth o geidwaid tir Cerrigcaranau. Ac wrth edrych ymlaen i'r dyfodol, mae 'na adlais o'r gorffennol. Yr un gwaith mae'r teulu'n ei wneud â'u cyndeidiau a'u neiniau, yn gwerthu llaeth yn syth i'r farchnad. Bron i ganrif a hanner o gyfraniad, ers 1875. Amser maith yn ôl...

Llaeth Teulu Jenkins Cwtsh Llaeth
Aberystwyth (SY23 1LF) a Machynlleth
(SY20 8EA)
www.llaethjenkinsmilk.co.uk

WRTH YMWELD Â'R ARDAL, EWCH I...

SY23, Aberystwyth
www.sy23restaurant.co.uk

Tafarn yr Hen Lew Du, Aberystwyth
www.yrhenlewduaberystwyth.com

Cletwr, Tre'r Ddôl
https://cletwr.com

Ynyshir, Eglwysfach, Machynlleth
www.ynyshir.co.uk

Tŷ Medi, Machynlleth
https://ty-medi.co.uk

Baravin, Aberystwyth
www.baravin.co.uk

GWINLLAN A RODDWYD

Pant Du

MAE RICHARD WYN HUWS yn cofio'r 'distawrwydd rhyfedd' pan gaeodd chwarel ei daid yn Nyffryn Nantlle.

"Er y tristwch wrth i bawb gerdded adre, roedd pawb yn dal i wenu. Dyma fi'n ei holi fo, 'Taid, pam does 'na neb o'r tu allan yn dod yma?' ac atebodd Taid, 'Does 'na'm byd yma iddyn nhw, Rich Bach'."

Gwnaeth Richard addewid iddo'i hun yn y fan a'r lle.

"Pan dwi'n hogyn mawr, dwi am neud rhywbeth am hynny."

Gallai hanes bywyd Richard, a'i angerdd am ei fro, wneud testun chwip o ffilm a dweud y gwir. Nid cyd-ddigwyddiad mo'r ffaith iddo weithio fel dyn camera, cyn arallgyfeirio'n llwyr fel gwinllannwr.

Mae gwreiddiau stori Pant Du yn Nhalysarn, pentre bach ger Penygroes. Yn naw mlwydd oed gofynnodd Richard i'w fam am ddesg a theipiadur ar ei ben-blwydd. Ac yntau a'i daid yn ffrindiau mawr, teipiodd a chyhoeddodd Richard y llyfryn o atgofion ei daid, *Tameidiau Bywyd* gan Richard Henry Williams. Ond wedi tor priodas ei rieni, symudodd ei fam a Colin, ei phartner newydd i gymoedd de Cymru, i Drecennydd ac yna i Gelli Gaer. Glaniodd Richard yn sydyn yn Ysgol Rhydfelen, mewn cyfnod euraid o Gymreictod a chreadigrwydd. A thra ei fod yn aelod o glwb ffotograffiaeth yr athro Mr Morgan, rhoddodd ei fryd ar ddilyn gyrfa fel dyn camera.

Wedi bachu ar sawl cyfle, wynebodd groesffordd fel dyn ifanc. A oedd am fynd i astudio am dair blynedd, wedi iddo gael ei dderbyn i'r Coleg Cerdd a Drama, neu dderbyn swydd fel rhedwr ar gynhyrchiad ffilm *Y Dyn Nath Ddwyn y Dolig*? Holodd Richard y cwestiwn iddo'i hun, "Os na wna i, wna i ddifaru neu ddim?" Dyna'r cwestiwn sydd wedi datblygu'n fantra ar hyd ei fywyd. Dewisodd ddechrau ar ei yrfa, a mynd i Goleg Technegol Bangor yn hwyrach. Ac yno fe wnaeth gwrdd â Iola ei wraig, oedd hefyd o Benygroes – ac mae'r gweddill, fel maen nhw'n dweud, yn hanes.

Wel, na, ddim cweit; dyna ddiwedd 'act un', oherwydd dilynodd Richard yrfa gyfoethog am dros dri deg mlynedd. Cafodd brofiadau difyr iawn yn y diwydiant ffilm a theledu, gan gynnwys cynhyrchiad *For Queen and Country* gyda Denzel Washington. Bu'n ddyn camera ar gyfresi *C'mon Midffîld* a *Pengelli*, a dramâu teledu fel *Iechyd Da* a *Talcen Caled*, i enwi dim ond rhai. Cafodd ei enwebu am wobr BAFTA am *Caerdydd* a chyfres gyntaf *Alys*, ac yn 2009 enillodd am ei waith ar ffilm *Martha Jac a Sianco*, ac eto yn 2013 am ail gyfres *Alys*. Roedd wrth ei fodd yn ei waith; yn wir, mae'n cofio derbyn neges gan gynhyrchydd ar un o'r cyfresi yn ei longyfarch ac yn dweud, "Ti'n dod i'r gwaith bob dydd fel petai'n ddiwrnod Nadolig."

"Mae'n hollol wir!" meddai Richard erbyn hyn. "Ma rhai pobol yn colli cwsg yn poeni am bethau, tra o'n i'n ca'l job cysgu yn llawn cynnwrf am y diwrnod nesa. O'n i'n ca'l neud y job o'n i 'di bod isio ers o'n i'n 14!"

Ond roedd ganddo gynllun arall ar waith yn y cefndir; ers 2003 roedd yntau a Iola wedi prynu fferm Pant Du. Er mwyn cadw ychydig bach o gydbwysedd rhwng prysurdeb gwaith a bywyd, arferai Richard fynd i redeg yn gynnar bob bore, gan sgwrsio ag ambell ffarmwr ar hyd y ffordd. Emrys oedd un ohonyn nhw, ac fe soniodd ei fod am ymddeol. Byddai'r fferm oedd yn wynebu Cwm Silyn yn mynd ar y farchnad agored yn fuan. Wedi trafod â Iola, fe gyflwynodd y ddau gynnig ariannol – a dderbyniwyd dros y ffôn pan oedd y ddau yn B&Q Croes Cwrlwys, Caerdydd! Roedden nhw'n awyddus i greu cartref newydd ym mro eu mebyd – ac fe ddysgon nhw fod y ffermdy gwreiddiol yn dyddio o 1603. Un syniad gan Richard oedd i ddatblygu stiwdio gynhyrchu. Ond roedd 'na hefyd botensial i'r fferm ddefaid a gwartheg droi'r llethrau oedd yn wynebu'r de yn winllan lwyddiannus. Ac nid gwinllan yn unig, ond perllan, fel yswiriant. Wedi'r cyfan, mewn difri calon; a fyddai modd tyfu grawnwin yn ardal ôl-ddiwydiannol Dyffryn Nantlle?

Fe wydden nhw o'r cychwyn y gallai'r syniad wneud synnwyr, a hynny am nifer o resymau. Diolch i effeithiau newid hinsawdd, roedd tymheredd Cymru yn debygol o godi dros y blynyddoedd. Ac ar lefel mwy ymarferol, doedd dim cystadleuaeth yn lleol. Byddai'n rhaid i unrhyw gwmni aros saith mlynedd i'r grawnwin aeddfedu. Ar ben popeth, roedd Richard a Iola wedi treulio amser yn Nghatalwnia, ac wedi gweld sut y gallai cynnyrch o'r safon gorau gyfrannu hyder a llewyrch i'r rhanbarth.

Meddai Richard, "Mae bwyd a diod yn gwerthu dy wlad, i ymwelwyr ac i'w phobol ei hun."

O ran hynny, mae Richard yn llawn canmoliaeth am gefnogaeth Llywodraeth Cymru, o ran cyrsiau a grantiau a mentora.

Aethpwyd ati i blannu ac arbrofi, wedi cyfnod o ymgynghori, a daeth pob tymor â'i her. Roedd barrug yn broblem un flwyddyn, er enghraifft, ac wedi ceisio tyfu amrywiaethau fel Bacchus a Regent, bu'n rhaid eu codi yn y diwedd. Mae Richard yn disgrifio'r cyfnod cynnar hwnnw fel "siwrne o arloesi, a chael cic yn dy din ar y ffordd!" Ond fe drawon nhw ar fformiwla lwyddiannus ar ôl canfod y grawnwin perffaith ar gyfer y gwin coch:

"Yr hyn ydy Gamay i ranbarth Beaujolais, wel, dyna ydy Rondo i Ddyffryn Nantlle. Mae o'n tyfu'n wyllt, fatha mwyar duon yma – mae'n win llyfn heb lawer o *tannins.*"

Fe agoron nhw eu potel cyntaf yn 2010, ac ers hynny maen nhw'n cynhyrchu gwin coch, gwyn, rhosliw a phefriog – gan gynnwys mathau sych a chanolig. "Ti'n gorfod dal i fyny efo galw'r farchnad."

Yn ystod yr un cyfnod, daeth cwmnïau seidr mawr i'r amlwg, gyda hysbysebion Magners i'w gweld ar y teledu hyd syrffed. Aeth Richard ar gwrs seidr yn Hartbury, a phenderfynu mai coed afalau traddodiadol o Loegr fyddai'n tyfu orau – yn groes i gyngor gan arbenigwr afalau Cymreig. Yn y diwedd, wedi chwe blynedd, bu'n rhaid codi'r gwreiddiau gyda jac codi baw. A phan drodd at fathau cynhenid o afalau Cymreig, cafwyd llwyddiant yn syth bìn. Un enghraifft amlwg yw Afal Enlli.

"Dyma ydy stori Pant Du i mi," yn ôl Richard.

Mae'n cofio ffilmio pennod o'r gyfres *Hel Straeon* â dynes oedd yn wreiddiol o Ben Llŷn, oedd weithiau, fel plentyn, yn derbyn afal o ynys Enlli yn anrheg gan ei thad, oedd yn gapten llong.

"Doedd gandd hi ddim syniad beth oedd enw'r afal hyfryd hwn, ond mi fyddai hi'n ei alw fo'n 'afal melys sur sur'."

Dyma grafftio darnau o goeden afal yr ynys, yna eu plannu yn hynod o lwyddiannus ar dir Pant Du.

Mae'r blas ychydig yn debyg i afal Pink Lady, yn ôl Richard.

"Mae'n ysgafn ond yn sur. Sudd sitrws sy'n eich taro gyntaf, yna'r melysrwydd."

Caiff sudd afal Enlli ei werthu mewn poteli, ar y cyd â sudd afal melysach, gwreiddiol, Pant Du ers 2013.

"Mae ganddon ni fil o goed Enlli yn tyfu yma erbyn hyn. A phan fu farw'r fam goeden, roedden ni'n gallu cyfrannu grafftiau er mwyn iddyn nhw ei hailblannu ar Ynys Enlli.

Mae'r cylch yn gyflawn," meddai Richard â balchder mawr.

Cafwyd arbrofion eraill dros y blynyddoedd, ac anturiaethau lu. Fe ddaethon nhw o hyd i ddŵr pur o'r graig 800 metr o dan dir Pant Du, ac mae Richard – mewn cydweithrediad â pheirianwyr Prifysgol Bangor – newydd brofi sut y gellir troi'r llechen leol hyfryd yn wydr du. Mae'n byrlymu o syniadau – finegr seidr afal yw'r cynnyrch diweddaraf ar flaen ei feddwl – ac mae'n dal i wirioni ar enw un o seidrau Pant Du, a fathwyd gan gystadleuydd ar raglen ar BBC Radio Cymru. "Ffrwyth Cariad a Leim am *Passion Fruit and Lime*! Da, ynde?" Ar ben popeth, Pant Du yw'r winllan gyntaf yng Nghymru i gael ei rhedeg gan ynni'r haul.

Mae'r siop a'r caffi yn fwrlwm o brysurdeb, yn ganolfan boblogaidd i ymwelwyr a thrigolion y fro. Ar gael mae sgons Iola, cacennau heb wenith, a seigiau sawrus os oes chwant cinio mawr arnoch chi. Ac ar werth yn y siop mae Mêl Pant Du, sy'n deillio o'u deunaw cwch gwenyn – "un i bob erw, oedd y cyngor gawson ni." Hefyd ar werth mae enghreifftiau eraill o gynnyrch y fro, gan gynnwys sawsiau tsili Maggie's o Benygroes, a choffi Dwyfor.

Rhowch ymweliad â'r ganolfan ar eich rhestr yn bendant; yn un peth, mae'r olygfa o'r winllan a'r dyffryn yn fendigedig. Ac ar ôl taith dan arweiniad bywiog Richard, archebwch fwrdd ar gyfer eich cinio. Mae modd blasu'r gwin yn gyntaf i weld pa fath fyddai'n gweddu i'ch pryd bwyd.

"Fydda i'n deud yn aml wrth ambell un sy'n amau, gad i dy *palate* siarad efo ti." Richard hefyd yw'r cyntaf i annog gwestai i ystyried sawru seidr efo'u swper. "Mae o'n blasu'n wych efo cig oen Cymreig, a bwyd môr, wrth gwrs. Ma'r Llydawyr yn yfed seidr efo popeth!"

Ac yn 2021, cyhoeddwyd newyddion o lawenydd mawr – daeth Dyffryn Nantlle, fel rhan o chwe ardal Llechi Cymru yng Ngwynedd, yn Safle Treftadaeth y Byd UNESCO.

"Be fasa Taid yn deud rŵan fod ardal ei fagwraeth yn ffrindia efo'r Taj Mahal a Wal Fawr Tsieina?"

Wrth ystyried ugain mlynedd gyntaf gwinllan Pant Du, mae Richard yn gweld cymhariaeth gyda'i brofiad ym myd ffilm a theledu.

"Yn y diwedd, mae'r gwaith yn dod yn llawer iawn haws, ond amser a phrofiad sy'n rhoi hynny i ti."

Gwinllan a Pherllan Pant Du, Penygroes LL546HE
www.pantdu.co.uk

WRTH YMWELD Â'R ARDAL, EWCH I...

Yr Orsaf, Penygroes
www.yrorsaf.cymru

Coffi Poblado, Nantlle
https://pobladocoffi.co.uk

Bragdy Lleu, Penygroes
www.bragdylleu.cymru

Tafarn Y Black Boy Inn, Caernarfon
www.black-boy-inn.com

Braf, Dinas Dinlle
@brafdinasdinlle ar Instagram

Ffa Da

MEWN TŶ AR Y traeth yn Llandanwg ger Harlech, mae 'na gorwynt o fenyw yn byw. Ar ôl dysgu trwy'r dydd mae hi'n rhostio coffi Ffa Da, ei chwmni ers 2019.

"Dwi jyst ddim yn ista i lawr," meddai Sioned Vaughan Williams. "Ar ôl dod 'nôl o'r gwaith, dwi'n neud te i bawb, yna'n rhostio ffa tan ddeg o'r gloch."

Nid nepell i ffwrdd yn Harlech, yn deli chwaethus Y Groser, mae'r rheolwr Adrian Stevenson yn llawn clod i'r cwmni lleol.

"Mae'r coffi'n ffantastig. Nid yn unig o ran y pecynnu a'r egwyddorion moesol ac amgylcheddol, ond mae wir yn hedfan oddi ar y silffoedd."

Yn wir, mae'r Groser yn un o gasgliad arbennig o gaffis gogledd Cymru sy'n gweini coffi crefft Ffa Da.

Yn wahanol i gwmnïau eraill, mae Sioned yn ymfalchïo yn ei marchnad *niche* ar hyn o bryd.

"Dwi'n cymryd fy amser. Faswn i'n gallu gor-rostio, a phentyrru'r bagiau coffi. Ond dwi ddim isio cyfaddawdu, dwi am lynu at fy safonau i gynnig y coffi gorau posib. Dwi'n rhostio i fy *sweet spot* i."

Mae'r 'man melys' hwnnw yn lle penodol, a dweud y lleia; wedi blynyddoedd fel Pennaeth yr Adran Wyddoniaeth yn Ysgol y Gader, sefydlodd Sioned ei labordy ei hun yn ei chegin. Mae hi bellach yn rhostio o'r garej drws nesa.

"Dwi'n berson prysur a dwi angen bod yn brysur," meddai Sioned yn ddiffwdan.

Ganed Sioned yn Llangefni ar Ynys Môn, yn chwaer fach i Heidi a Lowri. Pan oedd hi'n flwydd oed, symudodd y teulu i Harlech,

Ardudwy, pan gafodd ei thad waith ym maes awyr Llanbedr, a'i mam yn Theatr Ardudwy.

"Roedd Dad yn beiriannydd – roedd ganddo gwmni systemau tanwydd ei hun. Dynes te ydy Mam, ond dyn coffi oedd Dad. Coffi a mêl."

Yn ogystal â chadw gwenyn, byddai ei thad yn dod â *sachets* coffi adre, gan olygu mai profiad cyntaf Sioned o goffi oedd Coffee Mate, fwy neu lai.

"Stwff melys oedd hwnnw, tra oedd Nescafé yn chwerw. Do'n i'm yn gwbod be oedd coffi go iawn."

Mae'n disgrifio'i phlentyndod yn Harlech fel cyfnod "hapus, naturiol a hwylus. Hollol fywiog. Er, dwi'n cofio'r athro gwyddoniaeth yn deud wrtha i, 'Wnei di byth ddim byd yn y maes yma'. Be oedd o'n wbod?!"

Roedd hi'n caru chwaraeon, ac aeth ymlaen i Brifysgol Cymru, Bangor i ddilyn gradd mewn Chwaraeon, Iechyd ac Addysg Corfforol. Arhosodd hi ym Mangor, yn gweini yn y Fat Cat ac yn dysgu yn yr adran Gwyddorau Chwaraeon – gan addysgu paramedics, aelodau'r heddlu, ac ie, ei chyn-athro gwyddoniaeth! Ond wedi blino â '*hangovers* yr Octagon' ymunodd â'i chwaer Lowri, oedd â chwmni cysylltiadau cyhoeddus yn Wrecsam, yn hyrwyddo chwaraeon eithafol, ymysg prosiectau eraill. Cymhwysodd fel ymarferydd tylunio gan ddefnyddio cerrig poeth, a hyrwyddodd raglen chwaraeon newydd sbon Chwaraeon Cymru o'r enw 5x60, mewn ysgol yn Fferi Isaf (Queensferry), Sir y Fflint. Roedd y rhaglen yn annog disgyblion i ymarfer am awr, bum gwaith yr wythnos. Trwy hynny, dechreuodd Sioned ar gwrs ymarfer dysgu gwyddoniaeth yng Nghaer, gan symud i fyw i Warrington gyda'i phartner Alan.

Wedi hynny bu Sioned yn dysgu mewn ysgolion yn Salford, Bolton a St Helens.

"Roedd y ffisegydd Brian Cox yn enw mawr ar y pryd. Roedd y plant yn hollol nyts amdano, ac wrth eu boddau â 'ngwersi ffiseg i." Wrth ystyried apêl y pwnc, meddai, "Mae o'n bob peth. Nid hafaliadau. Ffiseg ydy popeth wyt ti angen ei wbod." Ac roedd hithau hefyd wrth ei bodd â'r addysgu. "O'n i angen dysgu rwbeth newydd – ro'n i methu aros yn llonydd. O'n i'n hoff iawn o ddysgu wrth adlewyrchu, meddwl yn feirniadol, a datrys problemau. Mi oedd fy nrws i wastad ar agor i ddisgyblion, a hefyd i 'nghyd-athrawon gael arsylwi fy nulliau dysgu."

Gyda Sioned ac Alan yn rhieni balch erbyn hynny i ferch fach o'r enw Isla, daeth y teulu yn ôl i Gymru er mwyn ei bedyddio hi yn Eglwys Llandanwg. Holodd rhai o'i chwmpas y cwestiwn amlwg – "Pam bo' ni ddim yn byw 'ma?! A dyna ni, o fewn chwe mis roeddan ni'n rhenty tŷ yn Harlech." Roedd hi'n arfer gan Sioned a'i ffrindiau a'i theulu gerdded i lawr i draeth Llandanwg, gan basio 'tŷ ei breuddwydion', Maes Annedd. Pan aeth yr union dŷ ar y farchnad yn 2015, ddim sbel ar ôl symud adre, aeth Sioned yn unswydd i siarad â'r perchennog.

"Pwy ddoth acw ond ymwelydd, yn deud bod o hefyd isio prynu'r tŷ. 'Do one!' medda fi wrtho. 'I'm local, you're not!' A dyna a fu!"

Ar ôl dychwelyd i Gymru, apwyntiwyd Sioned yn bennaeth ar Adran Wyddoniaeth Ysgol y Gader.

"Ro'n i wrth fy modd yn dysgu plant lleol. Ma plant ardal Dolgellau yn hollol wych."

Ond er ei bod wrth ei bodd efo'r disgyblion,

cafodd ei dadrithio gan y system addysg.

"Doedd y technegau creadigol ro'n i wedi arfer eu dysgu ddim wedi cael eu sefydlu yno. Roedd 'na ormod o bwyslais ar 'lwy-fwydo'r' plant â gwybodaeth er mwyn sicrhau canlyniadau A serennog. Mae ysbrydoli'r plant hynny fydd yn lwcus i adael efo C yr un mor bwysig i mi."

Roedd hi dal ar dân dros ddysgu, ond nid o fewn y gyfundrefn oedd ohoni, ac ar ôl pedair blynedd roedd Sioned yn barod am her newydd.

"O'n isio cychwyn busnes crefft, diwastraff, ac o'n i wrth fy modd yn coginio a blasu, trio pethe newydd. O'n i isio addysgu pobol am rywbeth newydd." Pa faes oedd yn apelio tybed? "O'n i'n yfed coffi trwy'r dydd ac yn mwynhau glasied o win coch fin nos, a doedd gen i ddim digon o bres i sefydlu gwinllan!"

Dyma feddwl felly o ddifri am safon y coffi oedd ar gynnig o'i chwmpas – "roedd o'n llawer rhy chwerw i mi." Dechreuodd hi ymchwilio, a mynychu cyrsiau di-ri tra oedd hi dal yn dysgu llawn-amser.

"Wnes i fuddsoddi mewn peiriant

rhostio bach 1kg. Roedd y gegin gefn fatha labordy, wrth i mi arbrofi efo dulliau rhostio gwahanol. Ar ôl dod adre o'r ysgol faswn i'n rhostio am chwe awr, ac yn gadael y coffi i setlo dros nos. Yna deffro am chwech y bore a blasu. A chychwyn y broses unwaith eto fin nos."

Gallai'r amser rhostio a sychu amrywio ar gyfer sawl rhost gwahanol, a byddai'n rhaid addasu ar gyfer y lefelau aer a gwres. "Ond 40 rhost yn ddiweddarach, ro'n i'n hapus."

Fis Mawrth 2019 oedd hynny, a dechreuodd Sioned werthu Ffa Da yng Nghaffi'r Llew Glas yn Harlech. Erbyn Gorffennaf y flwyddyn honno roedd hi yn y Sioe Fawr yn Llanelwedd yn cynrychioli'r cwmni efo Cywain – prosiect Llywodraeth Cymru i gefnogi cynhyrchwyr bwyd a diod Cymru.

"Nhw hefyd ddaru'n annog i ddanfon Ffa Da at gystadleuaeth Great Taste ddwy flynedd yn ddiweddarach. O'n i'n gwbod bod Gŵyl – y coffi un-tarddiad o Rwanda – yn dda, ac yn goffi i bobol sy'n deall coffi. Mae o'n ffrwythog, yn asidig, ac yn lyfli o esmwyth."

Yn wir, ennillodd coffi Gŵyl un seren Great Taste, y tro cyntaf iddi gystadlu, yn 2021.

Mae'r ffa coffi gwyrdd y bydd Sioned yn eu defnyddio yn dod trwy gwmni Falcon yn Llundain, sy'n cyflenwi nifer o dai rhostio arbenigol ym Mhrydain.

"Ma'r cwmni hwnnw yn delio'n uniongyrchol â'r ffermwyr coffi, ac yn gwbod enw pob ffarmwr. Arabica ydy'r ffa coffi gorau – mae'r ffa hynny'n tyfu reit ar ben y mynydd. Mae 'na heriau amlwg, fel y tywydd a thrafnidiaeth. Ac er eu bod nhw'n tyfu'n arafach, mae'r ansawdd yn llawer gwell. Gewch chi fwy o flas a mwy o nerth."

Ers gadael ei gwaith fel pennaeth adran, mae Sioned wedi canfod cydbwysedd da fel athrawes gyflenwi – yn fwyaf diweddar gyda phlant a gystod eang o anghenion ychwanegol yn Ysgol Hafod Lon, Penrhyndeudraeth.

"Ma bod yn athrawes llanw yn rhoi hyblygrwydd i mi redeg y busnes, a chael cwmni'r plant mwyaf anhygoel yn y byd. Ma pob dwrnod yn hollol wahanol."

A thrwy ymgyrch Syniadau Mawr Cymru,

rhan o fenter Busnes Cymru, mae hi'n cael ysbrydoli pobol ifanc yr ardal ehangach wrth fynd â'i fan 'barista' oren llachar o gwmpas clybiau ieuenctid – ym Mhorthmadog, Garndolbenmaen a Dyffryn Ardudwy hyd yma.

"Maen nhw wrth eu boddau'n dysgu sgiliau fatha *poured-latte art*. Faswn i'n licio gneud rhagor, a mynd yn ymgynghorydd busnes mewn ysgolion. Mae mor bwysig i roi hwb i bobol ifanc yng Nghymru, ac iddyn nhw glywed negeseuon fel 'gei di neud beth bynnag wyt ti isio', a 'cer amdani, a paid â bod ofn gneud camgymeriadau'."

Erbyn hyn mae Sioned yn rhostio chwe math o goffi Ffa Da, a hynny yng ngofod y garej ym Maes Annedd. Mae Hwrê, sy'n gyfuniad o ffa o Frasil a Rwanda, yn gyflwyniad da i newydd-ddyfodiaid i'r maes, gyda chydbwysedd o flas siocled a mwyar. Mae Bore Da yn felysach, ac yn tarddu o Frasil, a Halibalŵ â mwy o flas cnau, o Beriw. Nac anghofier eu coffi di-gaffin, Nos Da, a blend dwysach, cyfoethog, Jiw Jiw. Barn Sioned yw fod pob coffi Ffa Da yn gweddu i bob math o laeth – "ond trïwch o'n ddu i ddechrau, i chi gael sawru'r blas go iawn."

Mae Alan yn cynorthwyo wrth rostio Nos Da, ac Isla – sydd bellach yn naw oed – yn giamstar ar bwyso a phecynnu, a chrëwyd y wefan a'r brandio trawiadol gan Lowri. Dafliad carreg o Faes Annedd mae caffi ei hewyrth Graham, Y Maes, ger traeth Llandanwg, ac mae coffi Ffa Da yn cael ei weini yno trwy'r *cafetière*. Yn ogystal â'r fan 'barista' oren, sydd i'w gweld mewn achlysuron o bob math, gan gynnwys Gŵyl Fwyd a Chrefft Portmeirion bob mis Rhagfyr, mae Ffa Da hefyd ar gael mewn deg lleoliad yng ngogledd Cymru. Yn eu plith mae Glasu ym Mhwllheli, Hebog ym Meddgelert, Cross Foxes ger Dolgellau, a Mynydd Mostyn yn Nhreffynnon, Sir y Fflint.

Dros baned o goffi Gŵyl o *cafetière* ei thad, mae tri chwch gwenyn i'w gweld y tu ôl i Sioned yng ngardd Maes Annedd.

"Roedden nhw'n dawel am dipyn, ond wedi i ni neud bach o arbrofi ac ychwanegu dropyn o olew lemwnwellt, ma'r gwenyn 'di hen sefydlu."

Bu farw tad Sioned pan oedd hi yn ei hugeiniau cynnar.

"Dwi'n gwbod y basa fo wrth ei fodd efo Ffa Da."

Mae elfen amgylcheddol y cwmni yn andros o bwysig iddi.

"Does dim gwastraff o gwbl, 'dan ni'n ailgylchu popeth, ac mae'r gronynnau coffi a'r mân us yn gneud compost gwych i'r ardd." Ar ben popeth, Sioned yw arweinydd criw glanhau traeth Llandanwg. "Dwi'n cynnig coffi am ddim i bawb sy'n casglu sbwriel, cyn i fi fynd â fo draw i'r ganolfan ailgylchu."

Be nesa i'r cwmni?

"Yn y dyfodol, faswn i wrth fy modd yn rhedeg caffi'r Maes yn Llandanwg. Dwi'n reit dda am rannu dyletswyddau rhwng aelodau tîm, ond dwi'n licio'n ffordd fy hun o wneud pethe!"

Ar y cyfan, fodd bynnag, mae hi'n hapus efo'r ffordd mae'r busnes wedi datblygu'n raddol bach.

"Yr hyn dwi'n fwyaf balch ohono ydy cael byw fan hyn efo 'nheulu ac yn gallu cael cysylltiad efo plant ifanc trwy ddysgu. Dwi'n dal i deimlo fel bod rhaid gweithio ar y busnes. Dydy o ddim yn teimlo fel llwyddiant... eto."

Fel un sy'n adlewyrchu yn gyson ar bob cam cynnydd, mae pob dydd yn cyflwyno her newydd i'w mwynhau.

"Dwi'n croesawu beirniadaeth, dwi'n dysgu o hynny, ac yn mynd ati i berffeithio yn sgil hynny. Dwi'n datblygu mwy o hyder. Mae pob archeb newydd yn dod â hapusrwydd. Yr hyn sy'n bwysig i mi ydy fod pawb yn fy mywyd yn hapus ac yn iach. Ac os ydw i'n hapus a iach, pam ddim iwsio hynny i greu rhywbeth sy'n rhoi hwb a hapusrwydd i bobol eraill?"

Mae hi'n oedi am eiliad, i ystyried yr amhosib.

"Be arall dwi'n mynd i neud fin nos? Hŵfro?!"

Ffa Da, Llandanwg LL46 2SD
https://ffada.co.uk

WRTH YMWELD Â'R ARDAL, EWCH I...

Y Groser, Harlech
www.ygroserharlech.cymru

Hufen Iâ Hufenfa'r Castell, Harlech
www.hufenfa.co.uk

Bistro Bermo, Y Bermo
https://thebistrobermo.com

Portmeirion, Minffordd, Penrhyndeudraeth
www.portmeirion.cymru

Gwin Dylanwad, Dolgellau
https://dylanwad.co.uk

Ffwrnes

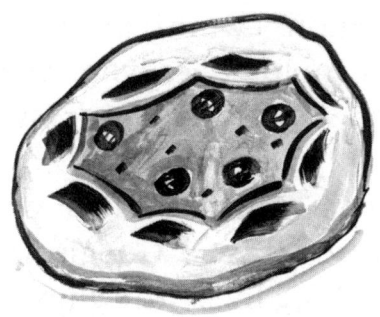

Yn ninas Caerdydd mae 'na sawl ffordd i fwynhau cynnyrch Cymreig yn yr iaith Gymraeg. Gewch chi lobsgows cig eidion a chroeso cynnes gan Tomos Roberts, sy'n wreiddiol o Lanuwchllyn, yn Canna Deli. Nid nepell i ffwrdd, Elin Wyn Williams o Sir Gâr sy'n rhedeg deli Bant à la Cart. Ac mae'r cogydd Gwyn Myring o Hirwaun yn gweini dail salad Parc Biwt ym Milkwood. Yn wir mae 'na ddwsinau o enghreifftiau o gaffis, tafarndai a bwytai lle mae modd cael croeso a gwledd i'w chofio yn y Gymraeg.

Yn aml, ry'ch chi'n darganfod y fath wybodaeth ar hap, wrth ddweud diolch neu holi'r cwestiwn, "Ydych chi'n siarad Cymraeg?". Ond mae 'na un man canolog lle mae'r iaith yn amlwg i bawb o'r arwydd neon 'Joio byw, bois bach'! Yn ôl perchnogion cwmni pitsa Ffwrnes ym marchnad canolog Caerdydd, mae'r arwydd yn denu chwilfrydedd – a dryswch o bryd i'w gilydd.

"Ni 'di ca'l ambell gwsmer yn dod aton ni i holi os yw trosiad Google Translate yn gywir. Dyw 'long live, little guys' ddim cweit yn taro deuddeg, nag yw e?!"

Serch y diffygion AI, mae pawb sy'n siarad Cymraeg yn gwenu wrth weld yr arwyddair yng nghanol y ddinas. Mae'r neges lawn balchder yn cyfleu brwdfrydedd 'Bois y Pizza' – Jez Phillips a Ieuan Harry – yn berffaith.

Yn wir, mae enw'r busnes pitsa ffwrn dân yn deillio o bentref ger tref y Sosban, fel yr eglura Ieuan.

"Buon ni'n trafod syniadau a dyma ni'n glanio ar Ffwrnes, sydd hanner ffordd rhwng cartref Jez yn Llanelli a lle ges i fy magu yn Nhrimsaran. Fe ddysgon ni gan David Hieatt o gwmni Hiut yn Aberteifi – a Saatchi & Saatchi cyn hynny – fod cael stori dda yn bwysig iawn i lwyddiant cwmni."

Ac am stori! Mae hanes y busnes yn dechrau ar strydoedd dinas Napoli, yr Eidal, lle aeth Jez a'i wraig Jen ar eu gwyliau. Tra oedden nhw yno gwirionodd Jez yn lân â'r diwylliant pitsa ffwrn dân –'theatr bwyd byw, prisiau fforddiadwy yn dathlu diwylliant bwyd y bobol'. Ar ôl dychwelyd i Gaerdydd i'w fywyd fel dylunydd a hyfforddwr ffitrwydd gyda Iechyd Da, rhannodd ei gynnwrf â Ieuan – hen ffrind ysgol o Sir Gaerfyrddin – oedd yn mapio i gwmni mwyngloddio rhyngwladol. Ar ôl trafod un noson aethon nhw ati i sefydlu busnes, diolch i gyfuniad o 'ddewrder, a gwin!' Prynodd y ddau fan Piaggio tair olwyn – Smokey Pete – i hwyluso eu busnes bwyd stryd teithiol. Ar ôl paratoi'r toes yng nghegin Jez yn Nhreganna, buon nhw'n teithio a phobi pitsas ledled y ddinas. Yna, o wyliau dros dro fel Tafwyl i briodasau yn y Fro – heb sôn am safle bach mwy cyson yng nghanolfan y Depot – fe welson nhw gyfle i sefydlu bwyty 'brics a mortar' ym marchnad ganolog y ddinas. Dyna'r penawdau yn syml, ond mae hanes pob busnes yn llawer mwy gwallgo a diddorol! Yn achos 'Bois y Pizza' mae'n cynnwys blynyddoedd o chwysu chwartiau, problemau iechyd, cyfresi teledu a phandemig.

Yn wir, pan gwrddais â Ieuan dros bitsa Jiawl Bach yn y farchnad, roedd e a Jez ar fin teithio i Lyon yn Ffrainc i ffilmio'u cyfres deledu ddiweddaraf, i gyd-fynd â Chwpan Rygbi'r Byd 2023. Mae'r Jiawl Bach ar y fwydlen ers y diwrnod cyntaf un, pan fu'n rhaid gwthio'r hen Smokey Pete trwy Dreganna i ganolfan y Chapter.

"Bydden i ddim yn argymell prynu fan o'r Eidal ar eBay, achos pan ma 'na broblem, rhaid aros sbel i gael y rhannau cywir! Ond buon ni lan drwy'r nos yn gweithio toes y pitsa yng nghegin fach Jez yn Nhreganna. Pan ddaeth hi'n fore, doedd y fan ddim yn tanio – o'dd hi 'di bod yn ishte mewn warws, a'r gwaith papur i gyd mewn Iseldireg. Dwi'n cofio ni'n gwthio hi lawr o Heol Landsdowne ar hyd Cowbridge Road East. Pwy stopiodd i'n helpu ni oedd Mered, cyd-weithiwr Jez yng nghampfa Iechyd Da, i'n cael ni i'r ŵyl yn Chapter mewn pryd.

"Roedd tri pitsa ar y fwydlen gynta honno yn yr Art Car Boutique – Margherita, Funghi, a'r Jiawl Bach – ac fe werthon ni gant ohonyn nhw'n syth!"

Er nad yw'n fwyd sy'n gynhenid i Gymru, mae pitsa yn boblogaidd iawn gyda'r Cymry; roedd marchnad pitsas pryd ar glyd Prydain werth £3.4 biliwn yn 2022. Ond mae 'na bitsa, meddai Jez a Ieuan, ac wedyn mae pitsa ffwrn dân – a doedd neb yn gwneud pitsa o'r fath yng Nghymru pan lansion nhw'r cwmni yn 2014. Yn wir, mae Ieuan yn cofio'i brofiad cyntaf o bitsa yn ffreutur yr ysgol yn Llanelli.

"Dwi'n itha siŵr bo' nhw'n arfer torri rôl fara yn ei hanner, ei dostio gyda bach o gaws a sos coch! Yna da'th hi'n ffasiwn fel plant i ni gael ein partis pen-blwydd yn Deep Pan Pizza & Co yn Abertawe. O'dd y pitsas yn diferu o olew!"

Yn fyfyriwr yn astudio Biowyddorau ym Mhrifysgol Caerdydd, byddai Ieuan yn bwyta Chicago Town Pizza gyda'i ffrindiau wrth chwarae pŵl ac yfed cwrw yn neuadd yr undeb.

"Ma fe'n fwyd mor hawdd a blasus ond

ry'n ni'n parchu ethos dinas Napoli, i gadw pethe'n syml. Ry'ch chi moyn blasu pob rhan ohono, a rhaid i safon y cynhwysion fod yn uchel."

Ac fel yn achos yr Eidalwyr, mae hynny'n golygu defnyddio'r cynhwysion gorau posib, gan gyfuno caws a thomatos o'r Eidal gyda chynhwysion sy'n lleol i'r ddinas. Yn y farchnad, er enghraifft, daw'r llysiau i gyd o stondin Sullivan's lawr grisiau, a'r salami sbeislyd ar y Jiawl Bach o Fferm Trealy, Sir Fynwy. I berffeithio'r pitsa Sobrasada rhaid taenu mêl ar ben y pitsa – er enghraifft, mêl o Siop Fferm Thornhill yng ngogledd Caerdydd. Ar hyn o bryd, meddai Ieuan, does dim blas i gymharu â melyster tomatos San Marzano, sy'n tyfu ar lethrau folcanig Vesuvius ger Napoli, felly amhosib fyddai cyfaddawdu o ran hynny.

Ond pwy a ŵyr dros y degawdau nesaf, gyda sgileffeithiau newid hinsawdd? Yn wir, mae Ieuan yn ffyddiog bod modd datblygu caws pitsa, Fior Di Latte, yng Nghymru, gan ei fod yn deillio o laeth gwartheg ac nid llaeth byffalo, fel caws Mozzarella. Ond pan gystadlodd Jez a Ieuan yng Ngŵyl Pizza

Llundain ym Marchnad Borough yn 2019, buon nhw ond y dim i ennill, gyda'u Pizza Cymreig.

"Wnaethon ni ddim defnyddio tomatos o gwbl, ond caws caled, a chaws gafr o'r Fenni, cig o Sir Fynwy, mêl o Thornhill, a dail saets o'r ardd gefn!"

Pwy guron nhw yn y diwedd ond L'Antica Pizzeria da Michele – cangen Llundain y cwmni o Napoli a greodd gymaint o argraff ar gymeriad Julia Roberts yn y ffilm *Eat Pray Love*!

Ond mae'r ddau wedi ennill digon o anrhydeddau, gan gynnwys teitl 'Pitsa Gorau Cymru' yng ngwobrau Bwyd Eidalaidd Cymru yn 2017, cyn gwireddu'r freuddwyd o agor bwyty ar lawr cyntaf Marchnad Canolog Caerdydd yn 2018. Un o'r heriau mwyaf wynebodd y ddau oedd ar ddechrau'r pandemig, pan oedd pobman ar gau, a phawb yng nghanol y ddinas yn gweithio gartre. Mewn ymateb i hynny, dyma ddatblygu ail gwmni, West Pizza, yn gwerthu pitsa fesul sleis i'r gorllewin o afon Taf yn Grangetown yn 2020.

"Fi wastad wedi hoffi'r ddelwedd o fwytai

pitsa hamddenol Efrog Newydd, lle sydd wrth galon y gymuned, rhywle i alw i fewn wrth basio wrth fynd â'r ci am dro, neu am sleisen ar ôl gwaith."

Yn wir, yn 2023 agorwyd eu cangen newydd sbon yn Nhreganna, gyda'r sleisiau wedi'u henwi ar ôl ffigurau eiconig o Lanelli – Meri-Ann, Delme, Benny a Raymond yn eu plith. Pwy a ŵyr os daw cyfle i agor cangen yn Nhre'r Sosban, ond peidiwch â synnu o gwbl, gan mai 'West is Best' yw arwyddair y cwmni hwnnw!

Ond her arall a wynebodd y ddau ym mis Awst 2021, pan dorrodd Ieuan ei gefn wrth syrthio lawr grisiau ei gartref.

"Roedden ni ar ganol ffilmio'r gyfres *Pizza Boys* i BBC Cymru ar y pryd yn dilyn llwyddiant *Bois y Pizza* ar S4C. Yn bwysicach fyth, roedd fy ngwraig i 34 wythnos i fewn i'w beichiogrwydd."

Yma – fel gyda phopeth Ffwrnes – mae e'n talu teyrnged i'w bartner busnes, ac yn gweld y cyfnod hwnnw fel bendith o fath.

"O'r dechre, Jez sy 'di gyrru popeth, ma fe wastad yn llawn syniadau. Fi'n berson mwy *chilled*, yn hapusach i gefnogi. Hyd yn oed pan o'n i'n chwarae criced, o'dd wastad yn well gen i fod yn is-gapten, yno i fod yn llais rhesymol pe bai angen. Dyna pam ry'n ni'n neud partneriaeth dda."

Roedd y ddamwain, meddai Ieuan, yn 'ddeffroad' amserol, gan orfodi'r ddau i gymeryd y cam i ymddiried mewn pobol eraill.

"Ry'n ni'n wastad wedi bod yn ffodus o weithwyr y cwmni, sydd yn rhannu ethos a safonau uchel Ffwrnes, ond na'th hynny ein gorfodi ni i hurio mwy o bobol. Ma Jez yn dweud hyd heddiw, dyna'r peth gorau alle fod wedi digwydd, achos nawr ry'n ni'n dau yn gallu canolbwyntio ar ddatblygu'r busnes."

Yn wir, mae 'na sawl newid ar y gweill ym marchnad Caerdydd; yn un peth mae Ffwrnes yn ychwanegu 'cwtsh coffi' i'w safle, gan weini coffi Hard Lines.

"Maen nhw'n gwmni lleol fel ni, ac yn Gymry Cymraeg – ni'n ymfalchïo yn eu llwyddiant nhw fel cwmni annibynnol, a dyna'r coffi gorau gewch chi yn ardal Caerdydd."

Yn fwyaf arwyddocaol, mae Cyngor y

Ddinas wedi cyflwyno cynlluniau i wella cyfleusterau'r farchnad, ac ychwanegu safle bwyta i 70 o bobol. Byddai hynny ddim yn bosib oni bai am fentergarwch cwmni fel Ffwrnes sydd wedi llwyddo i gyflwyno diwylliant cyfoes bwyd stryd i'r ganolfan hanesyddol yng Nghaerdydd.

"Y'n ni i gyd yn y farchnad yn deulu, ac yn gynrychiolaeth o'r ddinas gyfan dan un to. Ma gyda chi bopeth 'ma, y stondinau traddodiadol a'r stondinau bwyd newydd. Ond mae'n bwysig cadw cydbwysedd, achos dyma galon Caerdydd."

Rhwng y tri lleoliad – Ffwrnes, West Pizza, a'r Depot bob penwythnos – a'u hymddangosiadau ar sianeli teledu o amgylch y byd, mae Ieuan a Jez wedi gwneud llawer i hyrwyddo Cymru a'r Gymraeg trwy ddiwylliant bwyd stryd. Roedd dewis yr enw Cymraeg yn 'no-brainer' meddai Ieuan, a holl ethos y cwmni yw 'joio'.

"Yr hyn ry'n ni'n fwyaf balch ohono yw ein bod ni wedi mynd mas a dechre rhwbeth, a chreu teulu bach i ni'n hunain a'n staff. Ac yn ein barn ni ry'n ni'n neud pitsas o safon ma pawb yn gallu joio – gan gynnwys Alba erbyn hyn, fy merch fach!"

Beth well na rhannu bwyd da yng nghwmni teulu a ffrindiau da – a gwell fyth, yn yr iaith Gymraeg? Mae'r arwydd, wir, yn dweud y cyfan; 'Joio byw, bois bach'!

Ffwrnes, Stondin 231-241, Llawr Cyntaf
Marchnad Caerdydd CF10 1AU
www.ffwrnes.co.uk

WRTH YMWELD Â'R ARDAL, EWCH I...

Canna Deli, Pontcanna
https://cannadeli.co.uk

Curado Bar, Caerdydd
https://curadobar.com

Ffloc, Treganna
@ffloc.cymru ar Instagram

Ansh, Parc Victoria, Caerdydd
https://ansh.cymru

Clwb Ifor Bach, Caerdydd
https://clwb.net

DIWEDDGLO

GAIR BACH, YN OLAF, i ddiolch yn fawr i bob un o'r cwmnïau am sgwrsio mor ddifyr a gonest gyda mi ar gyfer y llyfr. Dwi'n gobeithio gawsoch chi gymaint o hwyl ar y darllen ag y ges i wrth deithio Cymru i gwrdd â phob un. Bydd rhai yn meddwl mai dim ond bwyta fydda i'n ei wneud cyn mynd ati i sgrifennu llyfr am fwyd. Ond straeon pobol brysur ac angerddol sydd wrth galon y maes 'ysgrifennu bwyd'. Roedd cael y cyfle i holi cymaint ohonyn nhw ar gyfer y llyfr yn bleser pur, ac ro'n i'n falch o gael dathlu deg cwmni Cymreig o fri.

Mae'r byd bwyd a diod yng Nghymru yn hynod o gyffrous, ac yn arwain y gad mewn nifer o ffyrdd. Mae'r cynhyrchwyr yn genhadon cenedlaethol – a rhyngwladol yn achos rhai – ond yr un yw'r balchder maen nhw'n ei deimlo wrth gynrychioli eu milltir sgwâr. Mae hynny'n andros o bwysig wrth i ni greu cenedl hyderus, i fedru cydnabod ac ymfalchïo yn ein trysorau ein hunain yn hytrach nag aros i eraill ein darganfod, i aros am eu caniatâd, a gosod eu sêl bendith arnon ni. Mae 'na wersi i'w dysgu ym maes addysg, gwleidyddiaeth ac economi rhwng y cloriau hyn!

Hoffwn ddiolch i Leigh Sinclair am gynllunio clawr mor drawiadol – mae e'n un o ddyrnaid o artistiaid Cymru sy'n deall sut i bortreadu diwylliant bwyd a diod cyfoes y wlad mewn ffordd sy'n cofleidio'r galon. Bu cyfnewid syniadau yn broses ddiddorol ac yn ffordd greadigol o gyfleu gwir neges y gyfrol. Wedi sgwrsio am amryw haenau a themâu cyffredin i sawl cwmni, dwi'n cofio crynhoi fy nheimladau. Does dim un o'r cwmnïau hyn wedi dechrau drwy feddwl eu bod yn mynd i guro pawb, ac mai nhw fydd y gorau yn y byd. Maen nhw wedi dechrau wrth eu traed, a chreu cynnyrch sy'n driw i'w hunaniaeth ac i'w hardal, a hynny i safon uchel. Yn eironig, dim ond wrth berffeithio'r pethau bychain, chwedl Dewi Sant, a chynnal y safon uchel hwnnw yn gyson, y gallwch chi gyflawni pethau mawr.

Os gawsoch chi eich ysbrydoli gan fentergarwch y deg cwmni dan sylw, ac yn dymuno archwilio neu drafod eich syniad eich hun, cysylltwch â Busnes Cymru, sydd yn cynnig gwybodaeth, cyngor, arweiniad a chymorth diduedd wedi'i ariannu'n llawn i bobl yng Nghymru sy'n dechrau, yn rhedeg ac yn datblygu eu busnes. I gael cymorth neu gyngor busnes ffoniwch 03000 6 03000 neu ewch i https://businesswales.gov.wales/cy

Pob lwc! Ac amdani, wir!

Hefyd yn y gyfres:

Llongyfarchiadau ar gwblhau un o lyfrau Stori Sydyn 2023

Mae prosiect Stori Sydyn, sy'n cynnwys llyfrau bachog a byr, wedi'i gynllunio er mwyn denu darllenwyr yn ôl i'r arfer o ddarllen, a gwneud hynny er mwynhad. Gobeithiwn, felly, eich bod wedi mwynhau'r llyfr hwn.

Hoffi rhannu?

Gall eich barn chi wneud y prosiect hwn yn well. Nawr eich bod wedi darllen un o lyfrau'r gyfres Stori Sydyn, ewch i https://llyfrau.cymru/cyfresi-arbennig/mwynhau-darllen/stori-sydyn/ i roi eich sylwadau neu defnyddiwch @LlyfrauCymru #StoriSydyn2023 ar Twitter/X.

Pam dewis y llyfr hwn?

Beth oeddech chi'n ei hoffi am y llyfr?

Beth yw eich barn am y gyfres Stori Sydyn?

Pa Stori Sydyn hoffech chi ei gweld yn y dyfodol?

Beth nesaf?

Nawr eich bod wedi gorffen un llyfr Stori Sydyn – beth am ddarllen un arall? Edrychwch am deitl arall cyfres Stori Sydyn 2023.